Erol Yildiz
Die weltoffene Stadt

Kultur und soziale Praxis

Erol Yildiz (Prof. Dr.) lehrt interkulturelle Bildung und Migration an der Alpen-Adria-Universität Klagenfurt. Seine Schwerpunkte sind Migrationsforschung, Interkulturelle Bildung und Urbanität.

Erol Yildiz

Die weltoffene Stadt

Wie Migration Globalisierung zum urbanen Alltag macht

[transcript]

Veröffentlicht mit Unterstützung des Forschungsrates der Alpen-Adria-Universität aus den Förderungsmitteln der Privatstiftung Kärntner Sparkasse

Bibliografische Information der Deutschen Nationalbibliothek
Die Deutsche Nationalbibliothek verzeichnet diese Publikation in der Deutschen Nationalbibliografie; detaillierte bibliografische Daten sind im Internet über http://dnb.d-nb.de abrufbar.

Alle Abbildungen sind von Paula Altmann, Fotografin, Köln
Umschlaggestaltung: Kordula Röckenhaus, Bielefeld
Lektorat: Erol Yildiz
Korrektorat: Malte Diercks, Bielefeld
Satz: Justine Haida, Bielefeld
Druck: Majuskel Medienproduktion GmbH, Wetzlar
ISBN 978-3-8376-1674-3

Gedruckt auf alterungsbeständigem Papier mit chlorfrei gebleichtem Zellstoff.
Besuchen Sie uns im Internet: *http://www.transcript-verlag.de*
Bitte fordern Sie unser Gesamtverzeichnis und andere Broschüren an unter: *info@transcript-verlag.de*

Inhalt

Vorwort

Als ich vor mehr als 30 Jahren zum Studium nach Köln kam, waren meine Landsleute schon seit anderthalb Jahrzehnten da. Am Flughafen stieg ich in ein ›Dolmus‹, wie ich es von zu Hause kannte. Das Sammeltaxi war ein klappriger Bus, mit dem der Transfer der Neuankömmlinge organisiert wurde – damals ein inoffizieller Nebenerwerb der Gastarbeiter. 1978 empfing mich der deutsche Winter, wahrscheinlich der kälteste seit Beginn der Wetteraufzeichnungen. Ich zog in die winzige Wohnung meines Onkels in die Kölner Südstadt. Jahre später sollten ein paar Straßen weiter die berühmten Stollwerckbesetzungen stattfinden, im Clodwig-Eck, einer alternativen Kneipe, spielte die damals noch unbekannte Gruppe ›BAP‹. Aber nicht dort, sondern hinter den blickdichten Butzenscheiben der kölschen Kneipen hatten sich bereits unerwartete Verbindungen zwischen Gastarbeitern und einheimischen Urgesteinen entwickelt. Selbst einmal Wirt zu werden, war für viele Gastarbeiter ein attraktives Ziel. Sobald sich die Gelegenheit bot, übernahmen sie leer stehende Lokale und führten manch eines davon als ›Meyhane‹ (türkische Musikbar) weiter, wofür sie wegen rechtlicher Beschränkungen auf deutsche Strohmänner angewiesen waren. Ich kann mich nicht erinnern, dass es damals vor den Lokalen des Kölner Szeneviertels schon Sitzgelegenheiten im Freien gegeben hätte, sieht man einmal von den Stühlen ab, die türkische oder italienische Wirte und Ladeninhaber an sonnigen Tagen herausstellten, um das Treiben auf der Straße zu beobachten und sich mit Passanten zu unterhalten. Nach und nach bekam der Stadtteil ein neues Gesicht. Bei gutem Wetter spielt sich das Leben inzwischen im Freien ab, die Nutzung von Bürgersteigen und öffentlichen Plätzen ist so selbstverständlich geworden, dass sie als ureigene Tradition betrachtet wird. Als ich bei einem Interview, das in einer österreichischen Tageszeitung erschienen war, über diese Entwicklung berichtete, erhielt ich eine belehrende E-Mail aus Frankfurt a.M.

Der Absender wies mich verärgert auf die Tatsache hin, dass es diese Freiluftkultur in Deutschland schon immer gegeben habe. Mir scheint das ein Hinweis darauf, wie sich im Alltag nach und nach bestimmte Strukturen, Kulturen und Kommunikationsformen etablieren, die ohne Impulse durch Migration kaum denkbar wären, aber nie als solche gewürdigt werden.

Da ich die urbane Realität aus der Perspektive und Erfahrung von Migration betrachte, wird mir gelegentlich vorgeworfen, auf einem Auge blind zu sein. Meine Arbeiten verstehen sich jedoch als Plädoyer für eine andere Sicht der Dinge und als eine Absage an das vorauseilende Misstrauen, mit dem migrationsbedingten Veränderungen stets begegnet wird.

Dieses Buch enthält neben eigenen Studien aus den vergangenen 15 Jahren Eindrücke und Überlegungen zu Migration und städtischer Realität. Die Beiträge werden begleitet von photographischen Impressionen aus dem Alltag lebendiger Kölner ›Veedel‹ (Keupstraße in Köln-Mülheim, Weidengasse am Eigelstein und Venloer Straße in Köln-Ehrenfeld), aufgenommen von Paula Altmann. Ich glaube, man sieht den Bildern an, dass es dabei zu fröhlichen Begegnungen mit den Anwohnerinnen und Anwohnern kam, für deren Offenheit und Gastfreundschaft ich mich im Namen der Photographin bedanken möchte.

Die Aufsätze sind in unterschiedlichen Zusammenhängen entstanden. Daher bauen die Kapitel nicht aufeinander auf, sondern können unabhängig voneinander gelesen werden. In ihrer Gesamtsicht ergeben sie mein Bild des urbanen Alltags in einer ›weltoffenen Stadt‹.

Einleitung

Stadtgeschichten sind immer auch Migrationsgeschichten. Migrationsbewegungen setzen urbane Transformationsprozesse in Gang. Die radikale Veränderung der Städte findet ihre stärksten Impulse gegenwärtig vor allem in den (kulturellen) Überschneidungs- und Übersetzungszonen. Dabei handelt es sich um Räume, die ich Transtopien nenne, in denen weltweite Phänomene in die Logik urbaner Alltagspraxis übersetzt werden. Sie sind ›Welt-Räume‹, in denen grenzüberschreitende Bindungen und Verbindungen zusammenlaufen, neu interpretiert werden und sich zu Alltagskontexten verdichten. Die in diesen Transtopien realisierten urbanen Strukturen, Kulturen und Kommunikationsformen sind zu Schrittmachern einer lebendigen Urbanität geworden. Migrationsbedingte Veränderungen fügen sich zu symbiotischen Formen. Offenheit, Diversität, Widersprüchlichkeit, urbane Dichte, ökonomische und soziale Flexibilität sind Kernqualitäten der resultierenden Zusammenhänge. In Großstädten wie Köln, Berlin, Hamburg oder Wien gehört migrationsbedingte Diversität zur Normalität. Die Städte haben in den letzten 60 Jahren ein neues Gesicht bekommen. Erste repräsentative Moscheen, Synagogen oder buddhistische Tempel sind entstanden und werden vielleicht einmal so selbstverständlich sein wie belebte Einkaufsstraßen in migrationsgeprägten Stadtvierteln. Diese Entwicklung ist ein Indiz für eine zukunftweisende Urbanität, die Diversität und exogene Impulse als Weltoffenheit und Ressource begreift.

In dem mehr oder weniger als Fremdheitsdiskurs geführten öffentlichen Migrationsdiskurs konnte sich diese Perspektive bisher nicht durchsetzen, ist marginal geblieben. Stattdessen hat ein homogenisierendes und auf ethnischem Denken basierendes Blickregime den Umgang mit Migration bis heute dominiert. Dieses Ordnungsdenken dient dazu, Menschen nach ethnischen Kriterien zu sortieren und zu klassifizieren.

Solche Diskurse haben Wirklichkeit erzeugende Effekte und generieren Möglichkeiten der Wahrnehmung von Realität. Ethnische Zuschreibung wird zu einem generationsübergreifenden »defizienten Habitus«, so Robert Castel (2009, 84): Einmal eingewandert, Dauergast für immer. Daher sind solche Kategorien nicht nur diskriminierend, sondern versperren den Blick auf den konstruktiven Zusammenhang zwischen Migration, Stadt und Urbanität, werden den vielschichtigen und komplexen Lebenswirklichkeiten von Menschen nicht gerecht.

Im Gegensatz zu einem nationalen Ordnungsdenken, das auf Eindeutigkeit und Homogenität beharrt, wird in dem vorliegenden Buch eine andere Perspektive eingenommen. Dieser Bruch, also die »Konversion des Blicks« (Bourdieu/Wacquant 1996, 284), bedeutet, urbane Welten anders zu sehen und zu interpretieren. Weltoffene Städte nehmen keine Rücksicht auf ethnische und nationale Diskurse, sondern entwickeln ihre eigene soziale Grammatik. Jetzt kommt es darauf an, diese urbane Grammatik zu entdecken und für die Gestaltung des urbanen Lebens zu nutzen.

Das Ziel dieses Buches ist es, Spuren wieder sichtbar zu machen und den Blick auf migrationsbedingte Veränderungen zu richten und zwar aus der Perspektive der Migration. Es geht vor allem um den pragmatischen Alltag, um alltägliche Dinge, die im öffentlichen Diskurs oft ausgeklammert oder dramatisiert werden. Migration wird in den westlichen Metropolen zu einem neuen Vergesellschaftungsmodus, weil (Post-)Migranten durch ihre kulturellen, ökonomischen und politischen Aktivitäten auch die dominanten Deutungsmuster verändern. Dabei spielen urbane Kompetenzen eine unerlässliche Rolle. Diese beinhalten die Fähigkeit, durch globale Öffnungsprozesse permanent entstehende Inkompatibilität und radikale Differenzen vor Ort zu erkennen und kreativ und flexibel damit umzugehen.

»Stadt ist Migration« ist die Grundidee, die in diesem Buch entfaltet wird. Die empirischen Beispiele legen nahe, wie (Post-)Migranten – trotz restriktiver Bedingungen und hartnäckiger Negativmythen – sich verorten, Strukturen und Kommunikationsformen etablieren, die die Öffnung der Städte zur Welt vorantreiben und den urbanen Wandel vor Ort mit gestalten.

Die Kapitel dieses Buches sind Aufsätze, die nicht im Sinn einer herkömmlichen Monographie das Thema erschöpfend behandeln wollen. Vielmehr sind sie einzeln und in unterschiedlicher Reihenfolge als themenzentrierte Gedankengänge zu lesen, die besondere Aspekte und bisher wenig behandelte Facetten migrationsgeprägter Urbanität zu erhellen versuchen. Der Vielgestaltigkeit des Gegenstandes entspricht also diese offene, unabgeschlossene, stellenweise vielleicht redundant, punktuell fragmentarisch anmutende Form. Der Titel des ersten Kapitels »Urbanes Kaleidoskop« signalisiert bereits, dass Städte nie homogene Gebilde waren. Wie wir die Stadt wahrnehmen, hängt wesentlich von unserem Beobachterstandpunkt ab. Der Horizont unseres Blicks eröffnet bereits Möglichkeitsräume und schließt andere Perspektiven aus. Migration kann als Katalysator für Stadtentwicklung und Urbanität oder als Problem betrachtet werden.

Das zweite Kapitel nähert sich dem Thema »Migration und Urbanität« aus historischer Perspektive und zeigt, dass Migrationsbewegungen eine historische Normalität darstellen. Ab- und Zuwanderungen haben die europäischen Gesellschaften von Beginn an geprägt, auch wenn im öffentlichen Diskurs ein anderes Bild vermittelt wird.

Im dritten Kapitel werden weltweite Öffnungsprozesse und der Beitrag der (Post-)Migranten in den Mittelpunkt gerückt. Durch ihre Aktivitäten vor Ort treiben sie die Öffnung urbaner Orte zur Welt voran. Ihre Alltagspraktiken stehen in der zunehmend globalisierten Welt in einem weltweiten Kommunikationszusammenhang.

Im vierten Kapitel wird die ambivalente öffentliche Haltung gegenüber (Post-)Migranten und urbaner Diversität diskutiert. Einerseits beobachten wir eine gewisse, vor allem durch Migration bedingte Kosmopolitisierung des Alltags und andererseits werden bestimmte Formen von Mobilität als unerwünschte Migration kontrolliert und skandalisiert. Diese Unterscheidung zwischen gefürchteter Migration und willkommener Mobilität bestimmt auch den öffentlichen Umgang mit (Post-)Migranten aus so genannten Drittstaaten. Im Gegensatz zu diesem sortierenden Ordnungsdenken wird die urbane Alltagspraxis als migrationssoziologisches Experiment beschrieben und gezeigt, wie lokale Verortungen auf weltgesellschaftlicher Basis organisiert werden.

Auf dieser Basis richtet sich der Fokus im fünften Kapitel auf die Relevanz von Fremdheit im urbanen Kontext. Es wird nachvollziehbar, dass die Konfrontation mit Fremdheit eine urbane Grunderfahrung darstellt und Städte immer Orte gewesen sind, an denen das Nebeneinander von unvertrauten und gegensätzlichen Menschen, Eindrücken und Erfahrungen möglich war.

Im sechsten Kapitel greife ich die migrantische Ökonomie als ein urbanes Phänomen auf und zeige, wie (Post-)Migranten unter restriktiven gesellschaftlichen Bedingungen durch ihre ökonomischen Aktivitäten das Gesicht vieler Städte verändert und auf diese Weise wesentlich zur Stadtentwicklung und Urbanisierung beigetragen haben. An Fallbespielen wird demonstriert, dass (post-)migrantische ökonomische Aktivitäten und die schrittweise Etablierung einer Kultur der Selbständigkeit ohne Akkumulation transkulturellen sozialen Kapitals nicht möglich gewesen wären.

Das siebte Kapitel umfasst Auszüge einer Studie, in der ein Kölner Stadtteil zwischen 1996 und 1999 aus unterschiedlichen Perspektiven systematisch untersucht wurde. Von 2000 bis 2005 habe ich einige Aspekte weiter erforscht und in diesem Beitrag unter der Metapher einer »sozialen Grammatik urbanen Lebens« rekonstruiert. Dabei geht es vor allem um Einblicke in die soziale Logik des urbanen Zusammenlebens in einem migrationsgeprägten Kölner Stadtteil. Es wird versucht, diese vor allem aus der Perspektive der Bewohnerinnen und Bewohner zu rekonstruieren.

Im achten Kapitel geht es um die unspektakuläre Alltagspraxis einer Kölner Straße, die ohne Migration in ihrer heutigen Erscheinung nicht vorstellbar ist. Es handelt sich um die Keupstraße in Köln Mülheim, die bis heute in Medienberichten und lokalpolitischen Debatten als ›Parallelgesellschaft‹ abgewertet wird. Einblicke in die Alltagspraxis vermitteln ein gegenteiliges Bild. Im Zuge der Deindustrialisierung des Stadtviertels übernahmen Arbeitsmigranten leer stehende Läden und Lokale und schufen eine lebendige Geschäftsstraße mit ›mediterran-orientalischem‹ Flair.

Das neunte Kapitel ermöglicht Einblicke in (post-)migrantische Lebensentwürfe. An drei Biographien wird gezeigt, wie sich Jugendliche biographisch verorten, welche Elemente sie dabei nutzen, wie sie mit Fremdzuschreibungen umgehen und welche Lebensstrategien sie entwickeln. Es wird anschaulich, wie beweglich die Lebenswege sind und welche Rolle Migrationserfahrungen bei ihren unterschiedlichen Verortungspraktiken spielen.

Im Mittelpunkt des letzten Beitrags stehen Migranten der zweiten und dritten Generation, die den Migrationsprozess nicht selbst erfahren haben, sich aber in ihrem Alltag und ihren Lebensentwürfen damit auseinandersetzen. Ein Phänomen, das mittlerweile mit Begriffen wie ›Postmigration‹ beschrieben wird. Indem diese Jugendlichen und jungen Erwachsenen die Migrationsgeschichte ihrer Eltern oder Großeltern neu erzählen, mit negativen Zuschreibungen subversiv und ironisch umgehen und sich dabei selbst positionieren, schaffen sie ihre eigenen urbanen Zwischen-Räume, die ich vorangehend als Transtopien bezeichnet habe.

In ihrer Gesamtheit bringen die Beiträge des Buches zum Ausdruck, wie Städte durch Migrationsbewegungen neue Impulse bekommen, kontinuierlich ihr Gesicht verändern, in Bewegung bleiben und wie auf diese Weise globale Phänomene in die urbane Alltagspraxis übersetzt werden.

1. Urbanes Kaleidoskop

Ob Marketingstrategie, wissenschaftliche Diagnose oder künstlerisches Motiv, *die Stadt* begegnet uns in ganz unterschiedlichen Verkleidungen. Je nach Blickwinkel leben wir heute in einer postmodernen, metropolitanen, multikulturellen, globalen oder Medienstadt. Sie gilt als ›Integrationsmaschine‹ oder Schmelztiegel, Metropole, Mega- oder Divercity, als Geschmackslandschaft oder Erlebnisraum und so weiter. In jedem metaphorischen Beinamen werden bestimmte Dimensionen betont, andere treten als belanglos in den Hintergrund. Das Phänomen ›Stadt‹ stellt einen komplexen diskursiven Entwurf dar. In der Stadtforschung überwiegt aber bis heute ein krisenfixierter, pessimistischer Blick auf das urbane Zusammenleben. Seit der Moderne ist es modern geworden, von der Krise der Stadt zu reden. Polarisierung, Segregation oder Fragmentierung werden bis heute beklagt.

Solche Diagnosen gehen von einem nostalgischen Ideal der europäischen Stadt als ökonomische, politische, kulturelle oder räumliche Einheit aus (vgl. Schroer 2005, 331ff.). Wenn Segregations- oder Desintegrationsprozesse konstatiert werden, fungiert die ›europäische Stadt‹ meist als Orientierungsmodell, das wiederum mit der amerikanischen Stadt, die dann als Negativfolie dient, verglichen wird. In diesem Kontext wird ein ernst zu nehmender Verfall europäischer Städte diagnostiziert. Die »Stadt als Integrationsmaschine« funktioniere nicht mehr (vgl. Heitmeyer 1998). In dieser normativ orientierten und nostalgischen Perspektive wird regelrecht ausgeblendet, dass die Stadt nie ein einheitliches Gebilde war:

> »Stadt hat immer schon aus der gleichzeitigen Existenz von Differentem bestanden, aus der Heterogenität von Tätigkeiten, Individuen, Gruppen und Standorten. Auch heute lassen sich die neuen Formen städtischer Siedlungsstrukturen als Nebeneinander von Vielheit begreifen« (Krämer-Badoni 2002, 59).

Die Grundannahme, dass es nur früher ›wirkliche Orte‹ gab, an denen Menschen real gelebt und miteinander kommuniziert hätten, scheint das Erkenntnisinteresse der Urbanitätsforschung weiterhin zu leiten. Noch immer wird die Unwirtlichkeit der heutigen Städte diagnostiziert, vor zunehmenden Entfremdungs- und Überfremdungsprozessen gewarnt, für eine radikale Begrenzung der Einwanderung plädiert und die Übernahme der urbanen Infrastruktur durch Migranten beklagt. Diese Art des Sehens scheint als Wegweiser der Wahrnehmung urbaner Entwicklungen zu fungieren. Hans Paul Bahrdt ist in diesem Zusammenhang auch heute noch zuzustimmen:

»Die ideologische Funktion der Großstadtkritik im Rahmen eines romantischen Konservatismus hat die Kritiker daran gehindert, die veränderte Wirklichkeit zu erkennen. Das ist der Grund, weshalb die Argumente gegen die Großstadt sich seit 100 Jahren nicht geändert haben und deshalb den Anschein erwecken, sie seien nicht zu widerlegen« (1961, 16).

Die Alltagspraxis in unseren Städten zeigt, dass sich die alten Prophezeiungen des Verfalls nicht erfüllt haben. Hieß es vor wenigen Jahren noch, durch Globalisierung und Internet würden Städte als konkrete Orte für die Einzelnen an Bedeutung verlieren, gewinnt man heute eher den Eindruck, als benötigte gerade der weltweit vernetzte Mensch eben jene städtischen Orte und die urbane Alltagspraxis mehr denn je. Wenn man von abstrakten Leitbildern und Kategorien absieht und die lokalen Gegebenheiten in den Blick nimmt, wird sichtbar, dass Menschen in der Stadt auf unterschiedliche Art und Weise ankommen, sich je unterschiedlich einrichten, vertraute Strukturen aufbauen, alltägliche Probleme bewältigen und neue Visionen entwickeln. Es gehört heute zur urbanen Normalität, in einem türkischen ›Tante-Emma-Laden‹ einzukaufen, in einem indischen Restaurant zu speisen, den Abend in einer mexikanischen oder kubanischen Bar zu verbringen, sich von einem iranischen Arzt behandeln zu lassen, sich in einer interkulturellen Initiative zu engagieren, eine asiatische Kampfsportart zu erlernen, Yoga zu betreiben oder jährlich einen Auslandsurlaub zu planen. Unterschiedliche urbane Aneignungsprozesse, Lebensentwürfe und persönliche Netzwerke, die zunehmend grenzüberschreitende Bezüge aufweisen, existieren nebeneinander, auch formale Strukturen, kulturelle Zusammenhänge und diverse Kommunikationsprozesse. Andererseits werden natürlich Verwerfungen und Krisen sichtbar, die mit globalen Entwicklungen einhergehen, neue politische Kommunikationsformen erfordern und uns zur Neuerfindung von Urbanität nötigen.

Abbildung 1: Venloer Straße, Köln

Bei der Betrachtung einer solchen Vielstimmigkeit und Differenziertheit der urbanen Alltagspraxis drängt sich die Frage auf, was weite Teile der Stadtforschung eigentlich zu ihrem Pessimismus veranlasst. Das Bild des Untergangs scheint sich zu einem urbanen Mythos verdichtet zu haben – oder provokanter ausgedrückt, es scheint ein Produkt »ideologiegeleiteter Recherche« (Krämer-Badoni 2002, 53) zu sein, bei der hinter jedem Wandel eine drohende Gefahr vermutet wird. Wer nach Krisenelementen Ausschau hält, findet sie auch. Wer aber einmal nach konstruktiven urbanen Praktiken und Visionen fragt, wird diese ebenso entdecken. Was spricht also dagegen?

Urbane Mythen

Misstrauen dominiert den öffentlichen Diskurs über Migration und Integration. Seit Wilhelm Heitmeyer, Joachim Müller und Helmut Schröder (1997) in einer Studie über Fundamentalismus und Gewalt von türkischen Jugendlichen zum ersten Mal den Begriff »Parallelgesellschaft« verwendeten, führt er praktisch ein Eigenleben. Im medialen und politischen Diskurs wird heute notorisch vor der Bildung von Parallelgesellschaften gewarnt. Migrantisch geprägte Stadtteile werden als Orte der Gefahr inszeniert, als verlorene Territorien, demokratiefreie Zonen oder als ›pathologische Räume‹, die von der als einheimisch definierten Normalität abweichen. In Anlehnung an Edward Said könnte man von einem *urbanen Orientalismus* sprechen, eine Art imaginärer Geographie.

»Ghetto im Kopf« wurde ein Artikel im August 2003 in der Wochenzeitung *Die Zeit* betitelt, in dem es um die vermeintliche Selbstisolation der türkischstämmigen Bevölkerung in Essen-Katernberg ging. »Rückzug in die eigene Kulturkolonie« hieß ein Beitrag in der *Süddeutschen Zeitung* vom 2./3. März 2002.

Diese mediale Debatte lässt erkennen, aus welcher Perspektive die Frage des urbanen Zusammenlebens diskutiert wird, wie hegemoniale Normalität produziert und reproduziert wird, wie sich solche Deutungen zu urbanen Mythen verdichten und welche Auswirkungen eine solche Repräsentationspraxis auf den Alltag der Bewohnerinnen und Bewohner hat.

In der Vergangenheit führte diese Diskussion beispielsweise dazu, dass bestimmte Kommunen eine Quotierung des Zuzugs in bestimmte Stadtteile forderten. Um diese Forderung zu legitimieren, vertrat Ingrid Krau, die ehemalige Direktorin des Instituts für Städtebau und Wohnungswesen in München die Meinung, dass das Kulturverständnis zahlreicher Einwanderergruppen mit dem hiesigen Kulturstandard nicht vereinbar sei. Nur eine breite Verteilung sozialer Gruppen über alle Stadtteile könne die einzelnen Gebiete vor Überlastung schützen (vgl. Krau 2000, 31).

Wenn Migranten sich niederlassen und neue urbane Strukturen, Kulturen, Kommunikationsformen und Milieus entwickeln, dann wird ihre Anwesenheit fast schon reflexartig als Bedrohung angestammter Privilegien wahrgenommen. Das Beängstigende an ihrer Präsenz scheint die Tatsache zu sein, dass das Konzept der Sesshaftigkeit mit all seinen angestammten Privilegien des ›Einheimischseins‹ als Mythos entlarvt und in Frage gestellt wird (vgl. Augé 1995, 119).

Der Gebrauch solcher Bilder von ›Überforderung durch Überfremdung‹ verdankt sich nicht zuletzt einer Tendenz zur Dramatisierung und Skandalisierung, die auch die stadtsoziologische Forschungspraxis erfasst hat. Wie Rolf Lindner zutreffend formulierte, erzeugt der routinemäßige Gebrauch solcher Bilder und Deutungen erst die Situationen, die man zu beschreiben behauptet (vgl. Lindner 2004, 196).

Vom Mythos zur Urbanität

Großstädte waren seit jeher Orte, an denen die Konfrontation mit Diversität zum normalen Alltag gehört. Sie sind Orte des Mannigfaltigen und Vielen, an denen sich urbane Strukturen räumlich manifestieren, unterschiedliche Lebensstile, Lebensformen und Milieus entstehen, und an denen immer wieder neue öffentliche Kommunikationsformen erfunden und ausprobiert, mithin urbane Kompetenzen entwickelt werden. »Indem Orte die Kommunikation des Verschiedenen ermöglichen, tragen sie dazu bei, den Umgang mit dem Anderen zu erlernen«, so Detlev Ipsen (2004, 267). In den Städten treffen unterschiedliche Perspektiven in räumlich konzentrierter Form aufeinander, werden miteinander in Bezug gesetzt, verdichten sich zu vertrauten Strukturen, Kulturen und urbanen Routinen, die für die Einzelnen, je nach Kontext, biographisch relevant werden können. Dies kann nur in einer offenen Stadt geschehen, die exogene Impulse zulässt.

Die ›Niederungen des Alltags‹ vermitteln uns also ein anderes Bild des Urbanen. Wir stoßen auf Mikrostrukturen und lokale Wissensformen und sehen uns mit Kontingenzen, Ambivalenzen, Widersprüchen und Mehrdeutigkeiten konfrontiert. Diskursive Phänomene von Polarisierung, Gentrifizierung, Entfremdung oder Unwirtlichkeit erscheinen dann in einem anderen Licht.

Stadt als Perspektive

»Die erste Frage, die ich mir als Architekt stelle, ist eigentlich immer die gleiche: Auf welche Weise nähere ich mich einer gegebenen Situation? Was alles steckt in meiner Strategie, um die Strukturen eines Ortes zu entziffern [...]? Alles hängt von der Art und Weise ab, wie man eine Situation anschaut oder Fragen an sie stellt. Zu einem gewissen Grad hängen alle meine späteren Möglichkeiten davon ab, wie ich meine Fragen stelle« (Jáuregui 2006: zitiert nach Blum/Neitzke 2006, 75).

Diese Aussage des vorwiegend in Brasilien tätigen Architekten Jorge Mario Jáuregui macht auf besondere Weise anschaulich, dass die Art der Fragestellung für unsere Beobachtungen und Analysen stets eine wesentliche Rolle spielt. Mit ihr legen wir fest, was wir sehen – und was wir übersehen. Würde man beispielsweise die als bedrohlich erscheinenden Favelas, die sich besonders in Randlagen der Großstädte Brasiliens gebildet haben, oder die Banlieus in Frankreich, die immer wieder durch jugendliche Rebellion mediale Aufmerksamkeit erlangen, aus einem anderen Blickwinkel betrachten, käme vielleicht auch ihr Beitrag zur Metropolisierung und Urbanisierung ins Bild. Zum Beispiel durch den großen Sektor informeller Ökonomie, durch den sie mit der Stadt verbunden sind und durch kreative Überlebensstrategien ihrer Bewohnerinnen und Bewohner, die eben nicht auf den ersten Blick wahrgenommen werden. »Eine Art des Sehens ist auch eine Art des Übersehens« (Burke 1954, 40), denn Sehen und Wahrnehmen sind keine passive, sondern eine aktive Handlung. Durch Migration geprägte Stadtviertel werden im öffentlichen Diskurs automatisch mit Kriminalität, Gewalt und desolaten Zuständen assoziiert. Bei genauerer Betrachtung wird erkennbar, dass dahinter ein hegemoniales Interesse und nicht das Interesse für die Perspektiven und Lebenschancen der Bewohnerinnen und Bewohner steht. Wie Menschen in solchen Stadtvierteln tatsächlich leben, mit welchen Konflikten und Problemen sie tagtäglich zu kämpfen haben, welche Strategien und Visionen sie entwickeln, danach wird selten gefragt.

Ähnlich gestaltet sich der Diskurs über den Zusammenhang zwischen Migration, Stadt und Urbanität. Man kann diesen Zusammenhang verdrängen bzw. als problematisch betrachten oder das Phänomen Migration als Motor für Stadtentwicklung und Urbanisierung sehen. Migrationsbewegungen, Globalisierung, Pluralisierung und Diversität gehören zum urbanen Alltag. In Wiener U-Bahnstationen brachte kürzlich ein Plakat die komplexe Beziehung von Stadt und Migration auf den Punkt: »Ach Wien, ohne uns Fremde, Migranten, Zugewanderte, hättest Du weder Vergangenheit noch Zukunft«.

Zwar wird Mobilität allseits als Erfordernis unserer globalisierten Welt beschworen, transnationaler Migration bzw. Zuwanderung aber weiterhin mit Argwohn und Ablehnung begegnet. Nahezu unreflektiert erstreckt sich dieser Unheil verkündende Blick auch auf Stadtviertel oder Straßenzüge, die sichtbar von Migration geprägt sind, wo inzwischen die Nachkommen von Zuwanderern bereits in der dritten Generation leben und arbeiten. Schnell werden solche Quartiere als Problemviertel abgetan, geraten langfristig in Verruf. Das führt schließlich dazu, dass die Bedeutung von Migration für Städte und Urbanisierung aus dem Blick gerät und die Potentiale, die solche Stadtviertel für urbanes Leben bieten, rigoros übersehen werden. Auch hier zeigt sich, dass der Horizont des Fragens bereits die Antwortmöglichkeiten impliziert und andere Aspekte und Zusammenhänge ausschließt.

Unsere Feldforschungen in solchen Stadtvierteln haben immer wieder erwiesen, dass es absurd wäre, von abgeschlossenen, homogenen Parallelwelten zu reden. Urbane Strukturen motivieren, ja nötigen Menschen in den verschiedensten Kontexten zum Austausch. Netzwerke des Handels, der Gastronomie und anderer Unternehmungen verbinden die Stadtteile mit dem größeren Umfeld – auch über nationale Grenzen hinweg. Das Leben folgt einer urbanen Grammatik, die sich am konkreten Umfeld orientiert und gerade bei Migrationsfamilien in überregionale, transnationale Verbindungen eingebettet ist. Es sind Strukturen und informelle Gestaltungsräume, mit denen Migranten und deren Nachkommen aktiv zur Entwicklung von Urbanität beitragen und durch die vor allem Großstädte ein weltoffenes Image erlangen.

Zur Charakterisierung gegenwärtiger Gesellschaften benutze ich daher die Metapher »Die Öffnung der Orte zur Welt« und meine damit, dass wir in unserem Alltag ständig mit unterschiedlichen und widersprüchlichen Elementen zu tun haben, die in einem weltweiten Kommunikationszusammenhang stehen. Die Begriffe »methodologischer Kosmopolitismus« (Ulrich Beck), »Transnationale Räume« (Ludger Pries), »Transkulturalität als Praxis« (Robert Pütz) oder »banaler Kosmopolitismus« (Ulrich Beck) bringen diesen Wandel zum Ausdruck. Weltweite Bezüge gehören zur Alltagsnormalität. Globalität erscheint als eine täglich gelebte Erfahrung und kann als eine Transformation der Kontexte verstanden werden, in denen sich unser Leben abspielt. Unsere Erfahrungs- und Vorstellungsräume sind inzwischen – vor allem durch technologische und elektronische Transport- und Kommunikationsmöglichkeiten – von weltweiter Reichweite. Eine Art mobiler Sesshaftigkeit oder sesshafter Mobilität scheint das Charakteristikum heutiger Gesellschaften zu sein, setzt Denkbewegungen in Gang und beeinflusst zunehmend unsere Lebensentwürfe und Wirklichkeitsauffassungen. Durch Migration, die den Mythos der andauernden Sesshaftigkeit in Frage stellt, entwickeln sich neue Verortungspraxen und Lebenskonstruktionen, neue Bindungen und Vernetzungen, die verschiedene Orte miteinander verknüpfen und schrittweise transformieren.

Dies verweist auf einen »neuen Kosmopolitismus von unten« (Römhild 2009, 234), eine transversale Bewegung, die Regionen, Kulturen, Lebensstile und Lebensformen, die oft geographisch wie zeitlich weit voneinander entfernt sind, auf lokaler Ebene zusammenbringt. Dabei entstehen, wie Martin Albrow (1998) sagt, diverse »Soziosphären«, die unterschiedlich gelagerte, weltweit gespannte gesellschaftliche wie lebensweltliche Verknüpfungen im Alltag präsentieren. Diese urbane Alltagspraxis gewinnt eine neue Dynamik und erfordert das Überdenken unserer Vorstellungen von Raum, Zeit und Welt (vgl. Rifkin 2006, 285).

Die Gleichzeitigkeit von weltweiten Öffnungsprozessen und lokaler Diversifizierung lässt ›nationale Erzählungen‹ fragwürdig werden. Lebensentwürfe, Differenzen und Zugehörigkeiten sind in Bewegung geraten, haben ihre Eindeutigkeit und räumliche Fixierung verloren, sind offener, vielschichtiger und damit auch riskanter geworden. Die durch radikale Öffnungsprozesse und radikale Lokalisierung in Gang gesetzte reflexive Wende, die den Einzelnen immer wieder zum Nachdenken über die eigene Biographie und Lebenskontexte nötigt, hat den gesamten Lebenslauf zu einem Lernfeld werden lassen, eine Art *urbaner Bildungsprozess*.

Es wird ersichtlich, dass diese weltweite Öffnung nicht automatisch mit einer Homogenisierung der Welt einhergeht, die ein einheitliches Kulturverständnis entstehen ließe, sondern vielmehr eine neue Perspektive, eine Perspektivenverschiebung, eine Neuinterpretation, Sichtbarmachung und Neuerfindung von Lokalität herausfordert. Claus Leggewie spricht zu Recht von einer »Fusion«, die etwas »Neues« und »Drittes« erzeugt (1999, 6). Auf diese Weise entsteht ein anderes Welt- und Alltagsverständnis. Ähnlich argumentieren Ulrich Beck, Wolfgang Bonß und Christoph Lau (2001, 16):

> »Die Debatte um einen neuen Kosmopolitismus verweist vielmehr auf komplexe Erfahrungsräume und Erwartungshorizonte, in denen die verschiedenen Ordnungen und Ordnungsvorstellungen des menschlichen Zusammenlebens widerspruchsvoll aufeinander treffen und zur Artikulation gedrängt werden. Es ist also die Differenz und nicht die Einheit, welche den neuen ›transnationalen‹ Erfahrungsraum kennzeichnet«.

Die lokale Formierung und Ausgestaltung urbaner Lebenswirklichkeiten auf weltgesellschaftlicher Basis geht mit einer Transformation bisheriger Selbstverständlichkeiten und routinierter Praktiken einher und macht eine andere Grammatik des urbanen Lebens sichtbar. Gerade in den vielen individuellen Migrationsgeschichten werden unterschiedliche grenzüberschreitende Perspektiven und Differenzen unter lokalen Bedingungen miteinander in Beziehung gesetzt und biographisch bearbeitet. In dieser Hinsicht spannen (post-)migrantische Lebensentwürfe globale Räume auf, in biographischen Rekonstruktionen werden Orte und Erfahrungen miteinander verbunden (vgl. Apitzsch 2003). Sie zeigen, dass individuelle Lebensentwürfe ein Ergebnis von grenzüberschreitender Bewegung, Diversität und unterschiedlicher Prägungen sind. Mit den Begriffen »Verflüssigung« oder »Enträumlichung« (Appadurai 1998) klingt bereits eine Vorstellung an, die für die kulturellen und individuellen Formationen in der globalisierten Welt eine enorme Lockerung und situative Flexibilität gegenüber ›harten Faktoren‹ diagnostiziert: Kultur wird zu einer alltäglichen und situativen Angelegenheit.

Globalität wird in urbanen Kontexten zur alltäglichen Erfahrung. Auf diese Weise verstärkt sich die Vielfalt kultureller Impulse in verschiedenen Bereichen, sei es in der Bildenden Kunst, im Film, in Literatur und Musik oder besonders in der populären Alltagskultur. Cross over, Fusion und Stilmischung werden zu gängigen Ausdrucks- und Gestaltungsmitteln. Zweifellos sind die urbanen Stadtgesellschaften mehr denn je in der Lage, die unterschiedlichsten und zum Teil widersprüchlichsten kulturellen Impulse zu absorbieren, ohne einer letalen Krise anheimzufallen.

Durch solche permanenten Mischungen entstehen *Transtopien*, die sich als Zwischenräume bzw. als Transitorte vorstellen lassen. Gerade diese urbanen Transtopien sind in einer globalisierten Welt charakteristisch und bestimmen durch ihre Dichte das Niveau von Urbanität. Sie sind Orte, an denen radikale Differenzen und Widersprüche aufeinanderprallen. Zu Recht hat Henri Lefebvre das Städtische als Ort definiert, »wo die Unterschiede sich kennen, sich erkennen, erproben [...]« (1972, 128). Diese Sichtweise ermöglicht, wie Michail Bachtin in einem anderen Zusammenhang formuliert hat, »Unterschiedliches zu kombinieren und Entferntes anzunähern, verhilft zur Loslösung vom herrschenden Weltbild, von Konventionen und Binsenwahrheiten, überhaupt von allem Alltäglichen, Gewohnten, als wahr Unterstelltem. Sie erlaubt einen anderen

Blick auf die Welt, die Erkenntnis der Relativität alles Seienden und der Möglichkeit einer grundsätzlich anderen Ordnung« (1987, 85).

Die Transtopie, in der Diskurse, Weltdeutungen und Wirklichkeiten als Konstrukte erkennbar werden, eröffnet uns neue Vorstellungswelten, die durch nationale Erzählungen bisher verdrängt wurden. Dualistische Konstruktionen werden auf diese Weise durchbrochen, die Relationalität verwobener Lebenswirklichkeiten gewinnt an Bedeutung. So können die Wirkungen diverser Alltagspraxen von Handelnden, die an komplexen Prozessen der Übertragung, Aneignung und Verwandlung beteiligt sind, sowie das in der Lebenspraxis hervortretende ›Neue‹ ins Blickfeld der Betrachtung rücken. Dies ermöglicht uns überraschende Einsichten in die Lebenswirklichkeiten vor Ort und macht neue Visionen erkennbar. Es ist jedenfalls nicht mehr möglich, die durch die Öffnung der Orte zur Welt entstandene Diversität und Vielschichtigkeit zu einem einheitlichen Gebilde zusammenzufügen (vgl. Welsch 1991, 176f.).

Diese durch Diversität geprägten Lebenswirklichkeiten gleichen dem, was Edward Said (1990) »atonales Ensemble« nannte: Die alltägliche Realität kann am besten charakterisiert werden durch radikale Vielfalt, Mehrdeutigkeit, Ambivalenz und Widersprüche. Die urbanen Kontexte, in denen sich die Einzelnen bewegen, handeln und leben, eröffnen in ihren Kombinationsmöglichkeiten überhaupt erst so etwas wie die Einzigartigkeit des Individuums. So bildet sich ein »Beobachtungshorizont« (Beck 1997), der neue Inkorporations- und Verortungsstrategien zulässt, die über das Lokale, Regionale und Nationale hinausgehen und den Alltag vor Ort mit der Welt verbinden. Gerade (post-)migrantische Lebensentwürfe sind Beispiele dafür, wie sich solche Transtopien formieren, wie weltweite Bezüge hergestellt werden, wie Mehrfachzugehörigkeiten zustande kommen und welche Rolle sie für die Betroffenen in ihrem Alltag spielen.

Unterschiedliche Aneignungsstrategien und Verortungspraxen, die in urbanen Räumen entwickelt werden, sind als neue und kreative Leistungen zu betrachten. Diverse und zum Teil weltweit gespannte (kulturelle) Elemente und Verbindungen werden als transnationales soziales Kapital genutzt und je nach Kontext zu neuen Lebensentwürfen zusammengefügt. So werden urbane Räume zu Bühnen, Ausgangspunkten und Schnittstellen für viele Verortungsstrategien. Damit wandeln sich lokale Orte zu Zentren für unterschiedliche Traditionen, Kulturen, Erinnerungen, Ereignisse und Erfahrungen. Hier wird eine soziale Grammatik sichtbar, die neue Möglichkeitsräume eröffnet, in denen Differenzen neu gedacht, aktiviert und auf unterschiedliche Weise miteinander kombiniert werden. Diese Formen der Neugestaltung geschehen nicht mit Hilfe verordneter Integrationskonzepte, sondern vor allem in den Niederungen des Alltäglichen: »Eine Politik zur Gestaltung der Vielheit«, so Mark Terkessidis, »muss diese alltäglichen Erlebnisse ernst nehmen« (2010, 88).

2. Ein historischer Blick auf Migration

»Es liegt in jedem Entweder-Oder eine gewisse Naivität, wie sie wohl dem wertenden Menschen ansteht, aber nicht dem denkenden, dem sich die Gegensätze in Reihen von Übergängen auflösen« (*Robert Musil*).

Wanderung gehört seit jeher zur menschlichen Existenz. Mobilität in Form von Migration stellt aus dieser Sicht eine historische Normalität dar. Weil Migrationsbewegungen so alt sind wie die Menschheit selbst, kann die Weltgeschichte auch als Geschichte von Wanderungen gelesen werden (vgl. Bade 2002).

Im 19. und 20. Jahrhundert fanden vom Ende der Napoleonischen Kriege 1815 bis zum Beginn des Ersten Weltkrieges 1914 große Bevölkerungsbewegungen im europäischen Raum statt. Es waren vor allem wirtschaftliche Motive, die eine Vielzahl von Menschen zur Abwanderung zwangen. Andere mussten ihre Wohnorte aufgrund religiöser und politischer Verfolgung verlassen. Im 19. Jahrhundert, das auch das Zeitalter der Migration genannt wird, war etwa die Hälfte der europäischen Gesamtbevölkerung von ihrem Geburtsort weggezogen.

In früheren Zeiten reichten Migrationsbewegungen jedoch nicht besonders weit. Erst mit der europäischen Expansion und mit einer Verbesserung der Schifffahrt begann die freiwillige und unfreiwillige Migration im großen Umfang, über kürzere Zeiträume hinweg und weltweit. Die gegenwärtigen Migrationsbewegungen weisen neue Qualitäten auf. Weite Distanzen spielen technisch kaum noch eine Rolle, geographische Mobilität ist durch technologische Entwicklungen real geworden. Es ist insbesondere das Wohlstandsgefälle zwischen den reichen und armen Ländern, das diese Wanderungsbewegungen in Gang setzt. Dazu kommen Faktoren wie Hunger und Not, politische und andere Gründe, die Menschen zu Flucht und Auswanderung zwingen.

Auch unterscheiden sich die heutigen ›Wanderungen‹, die mit Hilfe neuester Kommunikations- und Mobilitätsmöglichkeiten unterschiedliche Orte miteinander verbinden, von den klassischen Auswanderungswellen in die USA, nach Kanada, Australien oder Schweden. Die heutigen Migranten und deren Nachkommen, die nicht nur Zuwanderer, sondern auch Pendler zwischen Orten und Welten sind, entwickeln eine andere, routinierte Verortungspraxis, die Ursula Apitzsch (2001) als Modernisierungsvorsprung bezeichnet hat.

Ende des 20. Jahrhunderts betrug die Zahl der Menschen, die außerhalb ihres Geburtslandes lebt, schätzungsweise 134 Millionen. Anfang der 70er Jahre waren es erst 80 Millionen. Dabei handelt es sich nur um die so genannten dokumentierten Migranten. Würde man die in unterschiedlichen Teilen der Welt ohne Papiere lebenden Personen noch dazu rechnen, wäre die Zahl wahrscheinlich um einige Millionen höher (vgl. Castells 2002, 139). So wird Migration, unabhängig davon, aus welchen Motiven sie erfolgt, für den Großteil der Weltbevölkerung in Zukunft eine Alltagsnormalität darstellen.

In der Frage, wie die jeweiligen Aufnahmeländer die Zuwandererinnen und Zuwanderer sahen, gab es immer deutliche Differenzen: Die USA, Kanada oder Schweden beispielsweise warben Zuwanderer an und betrachteten mit wenigen Ausnahmen jeden, der kam, als ›Einwanderer‹, als neuen Mitbürger für immer. Andere Länder, Deutschland oder Österreich zum Beispiel, ließen dringend benötigte ausländische Arbeiter und Arbeiterinnen nur auf Zeit einreisen. ›Fremdarbeiter‹ sollten keinen Anspruch auf Rechte haben, die Einwanderern traditionell gewährt wurden. In Motivation und Realität der Migranten um 1900 und heute und bei der Bewertung der Eingliederungsprozesse, die sie in den neuen Gesellschaften durchlaufen mussten, lassen sich zahlreiche Parallelen entdecken. Bis heute wird denjenigen Einwanderern und deren Nachkommen, die sich anscheinend nicht schnell genug in die Gesellschaft einfügen, ›Fremdheit‹ vorgeworfen, sie werden in ethnische Stereotypen hineingezwängt (vgl. Hoerder/Knauf 1992).

Die später so genannten Gastarbeiterinnen und Gastarbeiter, die ab 1955 in die Bundesrepublik Deutschland angeworben wurden, ließen sich vor allem in den Großstädten nieder, holten ihre Familienangehörigen nach, obwohl dies politisch nicht erwünscht war. Heute wächst in

Deutschland inzwischen die dritte Generation heran, die hier geboren und aufgewachsen ist. Migranten aus der Türkei und ihre Familien stellen zahlenmäßig die größte Bevölkerungsgruppe unter den Migranten dar. Verglichen mit den Bevölkerungsgruppen aus der Europäischen Union, werden Zuwanderer aus so genannten Drittstaaten nach wie vor rechtlich und politisch diskriminiert. Dies ist vor allem darauf zurückzuführen, dass sich die Bundesrepublik Deutschland politisch noch immer nicht im vollen Umfang dazu bekennt, eine Migrationsgesellschaft zu sein bzw. die entsprechenden Konsequenzen daraus zieht. Im Gegensatz zu EU-Bürgern, die innerhalb der Europäischen Gemeinschaft Freizügigkeit im vollen Umgang genießen, sind Mobilität und gesellschaftliche Partizipation von Teilen der Bevölkerung, die keine deutsche Staatsbürgerschaft besitzen und aus nichteuropäischen Ländern kommen, erheblich eingeschränkt. Beim zeitweiligen Verlassen der Bundesrepublik wird ihnen die Wiedereinreise oft genug verweigert.

Das eurozentrische Weltbild als Wegweiser der Wahrnehmung

Diese restriktive Art des Umgangs mit Migranten und ihren Nachkommen ist kein neues Phänomen, sondern in der Migrationsgeschichte der Bundesrepublik durchgängig zu beobachten. Unterschiedlichen Migrantengruppen wurde ethnische Fremdheit unterstellt, sie wurden auf ethnische Eigenschaften reduziert, wie bereits die gut dokumentierte Geschichte der ›Ruhr-Polen‹ veranschaulichen kann. Auf diese Weise wurden gesellschaftliche Machtverhältnisse ethnisch organisiert und damals die polnische, heute andere Migrantengruppen ins gesellschaftliche Abseits gedrängt. Dies ist nur ein Indiz dafür, dass der spezifische Umgang mit Migration eine historische Kontinuität aufweist. Die aktuellen, geradezu anfallartig inszenierten Integrationsdebatten zeigen, dass es zu einer gesellschaftlichen Sedimentierung dieses ethnisch codierten Wissens gekommen ist.

Das eurozentrische Weltbild, das sowohl die europäische Geschichte als auch die Beziehungen zu außereuropäischen Gesellschaften geprägt hat, spielt im aktuellen Umgang mit (post-)migrantischen Gruppen noch immer eine wichtige Rolle. Aus der eurozentrischen Perspektive werden die Besonderheiten und die historischen Entwicklungen nichtwestlicher

Gesellschaften in einer Sprache des Mangels beschrieben und als Abweichung von westlicher Normalität oder als eine Art »misslungener Kopie des modernen Westens« (Ong 2005, 47) betrachtet. Menschen aus nichteuropäischen Gesellschaften werden als ›fremd‹, als ›falsch sozialisiert‹ und als ›integrationsresistent‹ bezeichnet. Diese Abwertung und Aussonderung der Perspektiven nichtwestlicher Gesellschaften und damit auch die eines großen Teils (post-)migrantischer Gruppen hat dazu geführt, dass die Dichotomie zwischen dem ›Westen‹ und dem ›Rest‹ (vgl. Hall 1994), zwischen ›Wir‹ und ›den Anderen‹ heute noch als eine quasi-natürliche Entwicklung behandelt wird. Die Ausgliederung des als ethnisch anders Wahrgenommenen aus dem ›europäischem Wir‹ wurde somit durch die Organisation und Sedimentierung europäischen Wissens auch theoretisch festgeschrieben (vgl. Said 1981). Die Unterscheidung zwischen ›modern westlichen‹ und ›vormodern traditionellen‹ Gesellschaften, die auch die gegenwärtige Repräsentationspraxis beherrscht, ist nur ein Aspekt eines ganzen Theoriekomplexes. Entsprechend finden wir nicht nur in der Alltagssprache, sondern auch in wissenschaftlichen Abhandlungen bis heute Begriffe wie ›der Westen‹, ›der Okzident‹, ›der Orient‹, ›die Peripherie‹ oder ›die Dritte Welt‹, die zur Klassifizierung, Kategorisierung und Identifizierung geographischer Räume benutzt werden. Obwohl ihr Bezug zur Wirklichkeit äußerst diffus, bzw. rein kognitiv ist, werden diese Kategorien verwendet, als entspräche ihnen eine eindeutige äußere Realität; zumindest haben sie den Effekt, eine derartige Illusion zu erzeugen. Immer sind solche Kategorien Teil binärer Oppositionen und diese hierarchischen Begriffspaare schaffen Kombinationen in einer paradigmatischen Kette von Konzeptionen aus Geographie und Geschichte, die in ihrer scheinbaren wissenschaftlichen Eindeutigkeit ein unausweichliches Weltbild erzeugen (vgl. Yildiz 1997, 113ff.).

Gerade im Umgang mit der (Post-)Migrationssituation in der Bundesrepublik Deutschland, um die es hier im Wesentlichen geht, sehen wir uns mit diesem eurozentrischen und ethnisch-nationalen Weltbild konfrontiert, das eine Art Wissensproduktion, eine besondere Strategie bezeichnet, die tief in die Praxis eingeschrieben ist. Erst diese Strategie macht bestimmte Gruppen sichtbar, etabliert eine besondere Kommunikationsstruktur und Umgangsform, schafft und legitimiert Ausschlussmechanismen. Das binäre Denken ›Wir‹ und ›Die‹ bestimmte in Vergangenheit und Gegenwart, wie Migration gesehen, gedeutet und wie darauf politisch und pädagogisch reagiert wurde und wird. Diese Geisteshaltung definierte die Koordinaten der gesellschaftlichen Wahrnehmung von Migration und hatte reale soziale Konsequenzen.

In dem folgenden Zitat aus einer Studie über das »Leben der Kölner Gastarbeiter« Ende der 1960er Jahre wird dies besonders anschaulich:

»Ein großer Teil der türkischen Gastarbeiter kommt aus Anatolien, also aus zivilisatorisch primitiven Verhältnissen, in denen unsere Gebräuche etwa hygienischer Art unbekannt sind. Sie bringen ein ausgeprägtes und differenziertes Ehrgefühl mit und haben strenge moralische Vorschriften, nicht nur über den Umgang mit Frauen [...] Die Türken sollten fernbleiben von jenen Berufen, in denen unverbindliche Höflichkeiten gefordert werden« (Bingemer et al. 1969, 17-20).

Dieser völkerkundliche Befund aus einer der ersten Studien über die Situation von Gastarbeitern in den Städten ist nur *ein* Beleg dafür, dass die so genannte Ausländerforschung und die darauf basierende Ausländerpädagogik in der Bundesrepublik Deutschland keine ad-hoc- Reaktion auf die Einwanderungssituation nach dem Zweiten Weltkrieg war, auch nicht auf eine Überforderung der Pädagogen zurückzuführen ist, wie oft behauptet wird, sondern in der historischen Kontinuität eines restriktiven Umgangs mit Migration steht (vgl. Krüger-Potratz 2005). Man kann diesen Prozess ohne weiteres als einen Wissensbildungsprozess betrachten. Darüber hinaus jedoch hatten diese symbolischen Kategorien ganz reale Folgen für die Verortung der (post-)migrantischen Bevölkerungsgruppen als Objekte von Untersuchung, Analyse und Klassifikation. Sie konstruierten deren Identität, schrieben ihnen soziale Rollen zu und operierten dabei als normative, nicht bloß deskriptive Kategorien. Diese wurden zunehmend übertragen auf staatliche Definitionen des ›Normalen‹ bzw. des ›Pathologischen‹ und hatten damit einen nicht unerheblichen Einfluss auf das Gesellschaftsverständnis: Repräsentation ist soziale Wirklichkeit. Auch heute noch hinterlassen öffentlich geführte Debatten, wissenschaftliche Untersuchungen und die meisten pädagogischen Maßnahmen im Migrationskontext, wie wohlwollend sie auch sind, den Eindruck eines Defizits, einer Diskrepanz zwischen Migranten und ›Normalbürgern‹, eine Art »kulturalistisch verbrämter Rassismus«, so Micha Brumlik (2008, 35).

Ungeachtet dieser ethnisch codierten Zuschreibungen sind Migranten auf ihre eigene Art und Weise angekommen und haben unter restriktiven gesellschaftlichen Bedingungen die Beziehungen zu ihren Herkunftsländern aufrechterhalten. Die neuen Mobilitäts- und Kommunikationsmöglichkeiten haben die Aufrechterhaltung, Forcierung und Veralltäglichung der Beziehungen zu den Herkunftsländern erleichtert. So sind mit der Zeit neue Netzwerke von Familien, Freunden und Bekannten entstanden, sozusagen ein ›Transnationalismus von unten‹. Eine globale Orientierung par excellence könnte man das nennen, auch wenn diese Tatsache in den Transnationalismusansätzen seit den 1990er Jahren kaum oder nur punktuell zur Kenntnis genommen wird.

Ethnische Ghettos oder globale Neuorientierung?

Überlegungen zur Situation von (Post-)Migranten in den Städten der Bundesrepublik Deutschland oder über ihre weltweiten Verbindungen müssen berücksichtigen, dass es sich hier um die Lebenslage von Menschen in einer Gesellschaft handelt, in der Migration politisch bis zum heutigen Tag nicht als ein *konstitutives* Moment gesellschaftlicher oder städtischer Entwicklung anerkannt wird. Die urbanen Lebenspraktiken von (Post-)Migranten, ihre Perspektiven und ihre biographischen Verortungen können erst dann erkannt werden, wenn sie in den Einwanderungskontext gestellt und von da aus interpretiert und rekonstruiert werden.

Wie oben schon angedeutet, lassen sich im Migrationsdiskurs zwei entgegengesetzte Lesarten beobachten: Nach der ersten und öffentlich dominanten wird das urbane Alltagsleben von Menschen mit Migrationsgeschichte der Entwicklung von ›Parallelgesellschaften‹ gleichgesetzt (kritisch dazu Kaschuba 2007). Aus der anderen, eher marginalen Perspektive werden die differenzierten städtischen Alltagspraxen und damit die Erfahrungen von (Post-)Migranten in den Mittelpunkt gerückt und als besonderer Ausdruck urbaner Normalität betrachtet. Die weltweiten Verbindungen werden als eine neue Möglichkeit aufgefasst, für die Betroffenen neue Spielräume und Handlungsmöglichkeiten im strukturellen, kulturellen und zivilgesellschaftlichen Zusammenhang zu eröffnen.

›Ethnische Kolonien‹ – Der Blick von oben

Die Einwanderungssituation wird in der Öffentlichkeit tendenziell negativ beurteilt und der Migrationsdiskurs als Fremdheitsdiskurs geführt. Zunehmend wird die Gefahr beschworen, Verbindungen der Migranten zu ihren Herkunftgesellschaften würden religiösen Fundamentalismus und Nationalismus fördern und daher desintegrativ und ausgrenzend wirken.

Eine besonders skeptische bis skandalisierende Sichtweise auf Migration und Urbanität scheint wieder im Trend zu liegen. Wenn Einwanderung oder Mehrsprachigkeit diskutiert wird, wenn es beispielsweise um die schulische Situation der zweiten oder dritten Generation geht, oder wenn es sich um die Nutzung neuer Medien in den deutschen Metropolen handelt, ist das Ghetto-Thema nicht weit, ist von Abschottungstendenzen in den deutschen Städten die Rede, wird vor der Entwicklung von ›Parallelwelten‹ gewarnt und die ›multikulturelle Stadt‹ für gescheitert erklärt. So beschrieb das Nachrichtenmagazin *Der Spiegel 10/2002* das Problem heutiger Gesellschaften: »Das wahltaktische Gezerre um das neue Zuwanderungsgesetz verdeckt das wahre Problem: Mitten in Deutschland leben Millionen von Immigranten in blickdichten Parallelwelten nach eigenen Regeln von Recht und Ordnung«. »Die ignorierte Zeitbombe« wurde ein Bericht der *Süddeutschen Zeitung* vom 8./9. Februar 2003 über die Situation von Migranten betitelt. Man verweist in diesem Zusammenhang regelmäßig auf die so genannte Sprachproblematik. Es wird beklagt, dass die zweite Generation der Einwanderer immer noch »Ausländerdeutsch« spreche und die dritte Generation sogar schlechter Deutsch könne als ihre Eltern. Der »Rückzug in die eigene Ethnie« sei überall zu beobachten. Man spreche nur türkisch und die Satellitenschüsseln seien »nach Istanbul gerichtet«. Die ehemalige Bundes-Ausländerbeauftragte Marieluise Beck nannte dies einen »Trend zu ethnischen Kolonien« im ganzen Land (*Focus* 16/2001, 40).

In einem anderen Zeitungsartikel von Löwer meldete sich eine Grundschullehrerin zu Wort und beklagte, dass man als Türke bequem in Berlin leben könne, ohne ein Wort Deutsch sprechen zu müssen, was von ihr als ein Indiz für Desintegration und als schwerwiegendes Problem wahrgenommen wird. Zu beanstanden hat die Autorin außerdem, dass vor allem Frauen und Kinder – meist von Vätern und Ehemännern beeinflusst – aus ihrem Viertel nicht herauskommen würden, da die Infrastruktur für Türken so gut sei, dass sie im Extremfall vergessen würden, in Berlin zu leben (vgl. Löwer 2001).

Obwohl es eine Reihe von Differenzen in der urbanen Stadtgesellschaft gibt, werden oft nur bestimmte, nämlich ›ethnische Differenzen‹ als eine relevante gesellschaftliche Kategorie in den Mittelpunkt gerückt, kurz gesagt, es erfolgt eine ethnische Reduktion urbaner Komplexität. In den Städten, deren Realität zunehmend durch eine Pluralisierung und Globalisierung von Lebensformen, Lebensstilen und Milieus charakterisiert ist, erscheint diese ethnischzentrierte Strategie besonders zweifelhaft. Es handelt sich dabei um »kategoriale Klassifikationen«, die mit abwertenden Zuschreibungen einhergehen, »kategoriale Exklusivitäten« bilden (Neckel/Sutterlüty 2008, 20) und den Zugang zu wichtigen gesellschaftlichen Ressourcen limitieren (können). Diese Reduktion und Fokussierung der Thematik schafft schließlich ihre eigene Normalität und stellt die Grundlage weiterer Argumentationen dar. Unter solchen restriktiven, feindseligen Bedingungen waren Migranten gezwungen, entsprechende Lebensstrategien zu entwickeln – eine enorme Herausforderung, vor der viele Menschen auch kapitulierten.

Durch diesen ethnischen Sortierungsvorgang geraten andere Differenzierungen im städtischen Alltag weitgehend aus dem Blickfeld. Wie die Pressezitate oben beleuchtet haben, beteiligt man sich mit solchen Publikationen an Normalisierungsprozessen und ›urbanen Mythen‹, deren Konsequenzen man gleichzeitig zu bearbeiten vorgibt (vgl. Schäffter 1997, 91). Durch Überformung differenter Relevanzbereiche wird eine normative Homogenisierung produziert: ›Türken haben eine andere Mentalität‹ oder ›Ausländer sind halt so‹. So werden Individuen oder Situationen durch Verknüpfung mit quasi mythischen Elementen – wie ›mitgebrachte Tradition‹ – entpersonalisiert bzw. entkontextualisiert.

Statt die Mobilitätserfahrungen von Migranten und deren Wissen anzuerkennen und für die Gestaltung der Zukunft zu nutzen, werden diese Potentiale systematisch ausgeblendet. Man erwartet von ihnen und ihren Nachkommen Bekenntnisse einer eindeutigen Zugehörigkeit. Deswegen wird das Leben zwischen oder in zwei Welten permanent dramatisiert, Mehrdeutigkeiten unter Kontrolle gebracht und Differenzen zu Ausschlusskriterien gemacht. Zur Entscheidung selbst gibt es keine Alternative. Entweder man ist das eine, oder man ist das andere. Ambivalenz erscheint als Skandal – als »Verletzung des Gesetzes vom ausgeschlossenen Dritten«, wie Zygmunt Bauman (1992, 21) es für die europäische Moderne festgestellt hat.

Das Ergebnis des räumlichen und symbolischen Platzverweises von Migranten ins Ghetto ist, dass die anderen Sozialräume in den Großstädten aus dem Blickfeld geraten. Stephan Lanz (2002) spricht in dieser Hinsicht von einem »Ghettoblick«. Er dient dazu, die hegemonialen Diskurse über Migranten in den deutschen Metropolen noch einmal fortzuschreiben (vgl. Caglar 1998, 54).

Bezeichnend in diesem Diskussionszusammenhang ist, dass die Kategorisierung ›ethnisch anders‹ auch in politischen Zusammenhängen immer wieder ins Spiel gebracht wird, vor allem dann, wenn bestimmte Themen wie politische Rechte für Migranten, Einbürgerungsrichtlinien, Ressourcenverteilung oder Teilhabe an der gesellschaftlichen Macht diskutiert werden.

Globale Neuorientierung vor Ort – Der Blick von unten

Statt mobile Bevölkerungsgruppen auf ethnische oder nationale Elemente zu reduzieren, wäre es im globalen Kontext sinnvoller, einen differenzierten Blick auf die Transformationen, auf die neuen globalen Netzwerke ökonomischer, kultureller und politischer Art zu werfen. In dieser Hinsicht ist ein Paradigmenwechsel unabdingbar.

Aus der gewendeten Perspektive wird deutlich, dass es sich bei den bisher als defizitär bewerteten Elementen eigentlich um Kompetenzen und Fertigkeiten handelt, die diese Bevölkerungsgruppen aufweisen. Statt Potentiale wie Bilingualität oder globale Verbindungen zu diskreditieren, sollte man sie als Zeichen kosmopolitaner Urbanität würdigen. Gerade die bewusste Neuinszenierung von ›Ethnizität‹ bei der zweiten und dritten, also der ›postmigrantischen Generation‹, kann sowohl als Ressource für die Formierung neuer Lebensentwürfe als auch als gezielte Reaktion auf diese Nicht-Anerkennung bzw. Geringschätzung interpretiert werden (vgl. Niedermüller 2000, 124f.). Jugendliche, die in Berlin, Köln oder München geboren und aufgewachsen sind, sehen sich ständig mit dem Umstand konfrontiert, in der Gesellschaft, in der sie ›mehrheimisch‹ geworden sind, weiterhin als nicht dazugehörig, als Fremde oder Dauergäste behandelt zu werden.

In diesem Kontext ist die Dramatisierung des Lebens der zweiten und dritten Generation ›zwischen zwei Welten‹ praktisch zu einer wissenschaftlichen und publizistischen Erzähltradition geworden. Dieses inflationär gebrauchte Bild von Zerrissenheit reduziert die komplexe urbane Alltagspraxis auf eine Formel. Gerade diese im öffentlichen Diskurs gering geschätzten ›Grenzbiographien‹, nämlich die Erfahrung, weder ganz zu einem, noch zum anderen ›Kulturkreis‹ zu gehören, sondern sich dauerhaft in unterschiedlichen Räumen zu bewegen und neue Identifikationen und Bezugspunkte bilden zu können, wird in Zukunft die Weltgesellschaft prägen. In dieser ambivalenten Situation versuchen die Jugendlichen eine Perspektive für sich zu entwickeln, die von Werner Schiffauer als »Individuierung aus der Negation« (1997, 154) interpretiert wird. Man könnte diese Situation, in der sie sich befinden, in Anlehnung an den Postkolonialismus auch als ›Zwischen-Räume‹ im Sinne der bereits erwähnen ›Transtopien‹ deuten, aus denen eine andere, raumübergreifende Verortungspraxis hervorgeht. Dieses Dazwischensein charakterisiert heute die Alltagssituation vieler Menschen in kosmopolitanen Stadtgesellschaften.

Wenn die postmigrantische Generation sich inzwischen primär als ›Ausländer‹ definiert, wendet sie eine Kategorie an bzw. um, die von der Dominanzgesellschaft gesetzt wurde. Einerseits identifizieren sich diese Jugendlichen mit der Stadt, in der sie geboren und aufgewachsen sind und andererseits opponieren sie dagegen. Für Werner Schiffauer sind Anpassung und Opposition die beiden Facetten des Ankommens in einer schwierigen Gesellschaft (vgl. Schiffauer 2001, 13).

Die in den urbanen ›Zwischen-Räumen‹ entwickelten Traditionen und Biographien sind also nicht irgendwelche von der Herkunftsgesellschaft ›importierten Kulturreste‹, sondern es handelt sich um Neuorientierungen unter schwierigen Lebensbedingungen. ›Ethnizitäten‹, die in urbanen Räumen von der postmigrantischen Generation neu erfunden werden, entspringen demnach keiner Traditionslinie, sie sind kein ›Rest der mitgebrachten Kultur‹, sondern neue reflexive Traditionsbildungen vor Ort.

Das ›Sitzen zwischen zwei Stühlen‹, das bisher als Zerrissenheit dramatisiert und skandalisiert wurde, erfährt eine Reinterpretation und damit positive Resonanz. Konzepte wie ›Hybridität‹ oder ›Synkretismus‹ gewinnen zunehmend an Bedeutung: Wir beobachten, so Ayse Caglar, »eine eindeutige Verschiebung von den kulturalistischen und essentialistischen Fragen nach Zugehörigkeit und Identität [...] zu neuen Vorstellungen von multiplen, flexiblen Identitäten und kreolisierten Kulturen« (1998, 42).

In der Rekonstruktion von Migrantenbiographien kommt Aleksandra Ålund zu ähnlichen Ergebnissen. Es handelt sich weder um mitgebrachte Traditionen, noch um beliebig als Patchwork-Biographie zusammengesetzte Gebilde, sondern vielmehr um einen Prozess, in dem Lebensentwürfe in bestimmten Kontexten von der postmigrantischen Generation aktiv durch »Konstruktion, Dekonstruktion und Rekonstruktion« (2003, 60) hergestellt werden. Das heißt konkret, dass die Selbstpositionierung der Migranten erst im Kontext der Aufnahmegesellschaft einen Sinn macht. Auch nach Ursula Apitzsch handelt es sich dabei nicht um die Essentialisierung von Herkunftskulturen, sondern um die Rekonstruktion von Traditionen in Ankunftsgesellschaften der Migration und den Anteil biographischer Arbeit an der Erzeugung dieser Traditionen. »Biographische Reflexivität« ist für Apitzsch ein wichtiger Indikator dafür, dass sich in der Interaktion zwischen Menschen unterschiedlicher Herkunft moderne und traditionelle Wissensbestände weder hermetisch abgeschlossen gegenüberstehen, noch im Modernisierungsprozess spurlos verschwinden. Sie werden von den Individuen permanent bearbeitet und neu angeeignet. In diesem Sinn spricht Ursula Apitzsch von »reflexiver Traditionalität« (1996, 135). An biographischen Beispielen weist sie nach, dass Traditionalität keine ontologische Gegebenheit darstellt, sondern selbst unter bestimmten gesellschaftlichen Bedingungen immer wieder ausgehandelt wird und sich kontinuierlich neu bildet (vgl. Apitzsch 1996, 145).

Dass auch die immer wieder skandalisierte Medienrezeption von Migranten erster, zweiter oder dritter Generation nicht zur Desintegration und Re-Ethnisierung der Gesellschaft führt, hat die britische Forscherin Marie Gillespie am Beispiel des Medienverhaltens indischer Migranten in Southall, England aufgezeigt. Die Ergebnisse ihrer Studie zeigen, dass die verschiedenen Einwanderergenerationen, dass Eltern im Vergleich zu ihren Kindern und Enkelkindern die indischen und britischen Medienangebote mit sehr unterschiedlichen Augen wahrnehmen. Während die Älteren die indischen Film- und Videoproduktionen vorziehen und dem Programmangebot des englischen Fernsehens mit moralisch und politisch begründeter Distanz gegenüberstehen, fehlt den Jüngeren, die Indien oft nur noch aus dem Urlaub kennen, häufig schon das Hintergrundwissen und die Bindung zu indischen Produktionen. Ihre Vorlieben gelten den Medienangeboten des britisch-westlichen Umfelds, in dem sie leben (vgl. Gillespie 1999, 292).

Wenn aber ein und dasselbe – entweder indische oder westliche – Medienangebot von Teilen der Einwandererschaft ganz unterschiedlich gelesen, rezipiert und interpretiert wird, dann wird es mit fortschreitender Generationenfolge immer schwieriger, von einer einheitlichen Perspektive bzw. von einer Ethnisierung durch Medien zu sprechen. Wenn hier überhaupt ein einheitlicher Begriff verwendet werden kann, dann sollte man in Anlehnung an Roland Robertson von »Glokalisierung«, also dem komplexen Miteinander von lokalen, globalen und transkulturellen Einflussfaktoren sprechen (vgl. Robertson 1998, 192ff.). Marie Gillespie hat aus einer Diaspora-Perspektive die komplexen Überschneidungen, Überlappungen und Kreuzungen globaler und translokaler Netzwerke, in denen sich (Post-)Migranten bewegen, herausgearbeitet. Sie kommt zu dem folgenden Schluss:

»Es ist deutlich geworden, dass die Jugendlichen Londoner Punjabis die ihnen zur Verfügung stehenden materiellen und symbolischen Ressourcen nicht mechanisch hinnehmen, sondern strategisch und kreativ mobilisieren. Mit ihnen konstruieren sie ihren eigenen sozialen Kosmos und damit ein Verständnis ihrer selbst und der anderen. Vor allem ist klar geworden, dass Ethnizität nicht auf einer eigentlichen oder ursprünglichen Identität beruht, mit der nur Minderheiten ausgestattet oder belastet sind. Vielmehr muss Ethnizität von jeder Generation neu bestimmt werden – selbst in den scheinbar nüchtern trivialen Handlungen des alltäglichen Konsums« (1998, 133).

Ähnlich äußert sich auch Ayse Caglar zur Medienpraxis der Deutsch-Türken in Berlin. Statt den Konsum türkischsprachiger Medien pauschal auf Desintegration und Re-Ethnisierung festzuschreiben, wird die Medienpraxis dieser Bevölkerungsgruppe kontextualisiert und im analytischen Rahmen des Transnationalismus interpretiert. Für sie sind die ›deutschen Türken‹ sozial, ökonomisch und politisch zugleich in die türkische und in die deutsche Gesellschaft eingebunden. Ihr Medienkonsum ist als ein Teil dieses Integrationsprozesses zu verstehen, der zu ihrem Transnationalismus führt (vgl. Caglar 2001, 154).

In Biographien und im Alltag von Migrationsfamilien wird die Öffnung der Städte zur Welt sichtbar. Unter lokalen Bedingungen verbinden sie globale Einflüsse zu neuartigen Formen des Zusammenlebens. Was dabei sichtbar wird, ist eine unspektakuläre urbane Alltagspraxis, die über konventionelle, national geprägte Auffassungen von Urbanität weit hinausreicht.

3. Die Öffnung der Städte zur Welt

> »Der Österreicher war immer kosmopolitisch: von Spanien, Holland, Italien, von Frankreich, Belgien, Böhmen und Polen, vom Balkan und aus der Türkei gar sind viele unserer Vorfahren eingewandert und in der östlichen Hauptstadt des Westens zu Wienern geworden. Fast jeder Österreicher hat Verwandte im Ausland« *(Oskar Kokoschka)*.

Die unterschiedlichen, teils disparaten Standpunkte, aus denen Städte bzw. urbanes Zusammenleben beobachtet und beschrieben werden, sind ein Hinweis darauf, dass auch die Stadtforschung selbst in Bewegung geraten ist. Zygmunt Bauman beschreibt in seinem Buch »Flüchtige Moderne« eine Vortragsreise in eine südeuropäische Stadt, die unterschiedliche Lesarten, und in diesem Fall eine inkorporierte Wahrnehmung des städtischen Raums, deutlich macht:

»Auf einer Vortragsreise (in eine belebte, lebendige südeuropäische Stadt) holte mich eine junge Kollegin, Tochter aus gutem Hause, ab. Sie entschuldigte sich, dass die Fahrt zu meinem Hotel umständlich und langwierig sei, da sie mitten durch die belebten und verstopften Hauptstraßen der Innenstadt führen würde. Wir brauchten fast zwei Stunden vom Flughafen zu meinem Hotel. Am Tag meiner Abreise bot mir die junge Dame an, mich zurück zum Flughafen zu fahren. Da ich wusste, wie anstrengend und ermüdend diese Fahrt werden würde, dankte ich ihr für das freundliche Angebot und sagte ihr, ich würde ein Taxi nehmen. Mit dem Taxi dauerte die Fahrt vom Hotel zum Flughafen kaum zehn Minuten. Allerdings fuhr der Taxifahrer durch verwinkelte und heruntergekommene Straßen, durch gottverlassene Slums [...]. Der Hinweis meiner Gastgeberin, es gebe keine Alternative zur Route durch die Innenstadt, war nicht vorgeschoben. Dieser Weg entsprach ihrer geistigen Landkarte der Stadt, in der sie seit ihrer Geburt lebte. Die heruntergekommenen Distrikte, durch die ich mit dem Taxi fuhr, waren auf dieser Landkarte nicht verzeichnet. Auf dieser Karte waren dort, wo diese Distrikte lagen, weiße Flecken, leere Räume« (Bauman 2003, 124).

Ich will hier den Versuch unternehmen, das produktive Beziehungsgeflecht von Stadt und Migration sichtbar zu machen – eine Perspektive, die im nationalen Narrativ bisher marginalisiert wurde oder gar nicht erst vorkam. Lenken wir den Blick also auf solche »Archive des Schweigens« (Le Goff 1992), das Ausgelassene, Vergessene, an den Rand Gedrängte, kurz gesagt, auf ignorierte Migrationserfahrungen. Jenseits oder unterhalb der nationalisierten und homogenisierten Wirklichkeit finden wir dann eine urbane Komplexität und Vielschichtigkeit, hybride und widersprüchliche Alltagspraktiken, kulturelle Überschneidungen, Überlappungen und Verflechtungen, die überwiegend als ein Ergebnis von Migrationsbewegungen betrachtet werden können (vgl. Csáky 2010). ›Städte in Bewegung‹ bzw. als Prozess zu beschreiben, heißt, unterschiedliche Perspektiven und historische Erzählungen zuzulassen und Spuren in den Blick zu nehmen, die bisher übersehen wurden. Dies wäre eine ›postmigrantische Perspektive‹ auf urbane Welten, aus der die Geschichte der Migration und die aus ihr erwachsenen Verortungen neu erzählt werden, aus der weltweite und transkulturelle Mobilität ins Blickfeld rückt.

Großstädte waren und sind Orte, die sich durch eine endogene, in Städten immer vorhandene und eine exogene, translokale und globale Diversität auszeichnen. Exogene Diversität kann die Summe jener äußeren Impulse genannt werden, die in der jeweiligen Stadtgesellschaft wirksam wurden und zu einer spezifischen Entwicklung ökonomischer, politischer und kultureller Konfigurationen bzw. zu einer spezifischen »Eigenlogik« (Martina Löw) geführt haben. Diese endogenen und exogenen Prozesse werden in der zunehmend globalisierten Welt in Bewegung gesetzt und neu miteinander verknüpft. Urbane Stadtgesellschaften sind demnach keine in sich abgeschlossenen Einheiten, unberührt von äußeren Impulsen, vielmehr werden in urbanen Kontexten Prozesse von Querverbindungen, vielschichtigen Interaktionen und Verflechtungen erkennbar, die nicht nur auf endogene Diversität zurückzuführen sind, sondern vor allem globalen exogenen Vernetzungen und Bezügen entspringen. Diese kontinuierlichen Außeneinflüsse sind konstitutiv für die Verfasstheit und das urbane Selbstverständnis von Großstädten (vgl. Csáky 2011, 124ff.).

Obwohl diese Dynamik Migrationsbewegungen unbedingt voraussetzt, werden sie in nationalen Erzählungen vernachlässigt. Nur in Ausnahmefällen werden Stadtentwicklung und Urbanität bisher aus der Perspektive der Migration betrachtet. Dazu gehören Publikationen wie »Fliehkraft« von Tom Holert und Mark Terkessidis (2006), »Planet der Nomaden« von Karl Schlögel und »Urbanes Zusammenleben. Zum Umgang mit Migration und Mobilität in europäischen Stadtgesellschaften« von Wolf-Dietrich Bukow (2010). Diese Autoren gehen davon aus, dass aus historischer Sicht nicht Sesshaftigkeit, sondern Mobilität als ›globaler Normalfall‹ zu betrachten ist.

Urbane Entwicklungen nehmen in der Regel keine Rücksicht auf homogenisierende Diskurse, sie unterlaufen und durchkreuzen nationale Deutungen, indem sie transkulturelle und translokale Verschränkungen aufweisen – was jedoch nicht ausschließt, dass spezifische Elemente für das nationale Narrativ instrumentalisiert wurden und werden.

Abbildung 2: Café Paradies, Keupstraße, Köln

Die Sehnsucht nach einem besseren oder einfach nur erträglichen Leben hat Menschen zu allen Zeiten zum Aufbruch bewegt. Dieser Wunsch wird in der heutigen globalisierten Welt zunehmend durch mediale Bilder beeinflusst. Mobilität wird zunehmend selbstverständlicher, in der Arbeitswelt sogar zum Erfordernis. Aus den unterschiedlichsten Motiven sind weltweit immer mehr Menschen unterwegs. Bewegung wird zum Lebensentwurf.

Zur Visualisierung geographischer Mobilität hat Morgan O'Hara, eine Künstlerin, die in Japan geboren und in mehreren Weltgegenden zu Hause ist, eine Methode entwickelt, die ich bemerkenswert finde und hier kurz vorstellen will. Sie nennt die von ihr entworfenen Zeichnungen Bewegungsprotokolle. Dabei handelt es sich um eine recht unkonventionelle Form der Kartographie. Verzeichnet werden diejenigen Wege, die die Personen während ihres bisherigen Lebens zurückgelegt haben. Zur Erstellung dieser ›Porträts‹ legt Morgan O'Hara dasselbe Blatt Papier nacheinander auf Welt-, Land- und Städtekarten und zeichnet die jeweils zurückgelegten Strecken nach. Das so entstandene Geflecht aus Linien lässt individuelle Weltkarten entstehen, inklusive der eigenen Grenzen. Sichtbar werden dabei Bewegungsspuren, die alle gleichwertig sind – unabhängig davon, ob es sich um Weltreise, Wohnortwechsel, Pendelwege, Flucht oder Auswanderung handelt. (Während O'Haras Protokoll beispielsweise ein dichtes Gewirr ergibt, besteht das fiktive Bewegungsprotokoll des großen deutschen Aufklärers Immanuel Kant nur aus einem Punkt.) Morgan O'Haras Arbeiten illustrieren die Tatsache, dass Lebenswege und -entwürfe im 20. und 21. Jahrhundert durch Reisen gebildet bzw. in Bewegung gesetzt werden. Bewegung versteht sie dabei als Lebenszeichen.

Die Öffnung der Orte zur Welt bedeutet, dass wir im urbanen Alltag ständig mit unterschiedlichen, hybriden und widersprüchlichen Elementen zu tun haben, die in einem globalen Kommunikationszusammenhang stehen. Diese Entwicklung setzt Denkbewegungen in Gang und beeinflusst unsere biographischen Orientierungen und Lebensentwürfe.

Stadt ist Migration

Seit es Menschen gibt, gibt es Wanderungsbewegungen. Auch in der Gegenwart gehören weltweite Migrationsbewegungen zur Normalität. Neu ist nicht so sehr das Ausmaß der Migration als vielmehr die Tatsache, dass im Zeichen globaler Öffnungsprozesse praktisch die gesamte Welt davon betroffen ist, wobei die meisten Wanderungsbewegungen entgegen der gängigen Wahrnehmung *nicht* nach Europa, sondern in der so genannten ›Dritten Welt‹ stattfinden.

Großstädte sind durch Migrationsbewegungen überhaupt erst entstanden. Der Beginn der Industrialisierung löste im späten 18. Jahrhundert starke Wanderungsbewegungen aus. Zunächst waren massenhafte Binnenwanderungen charakteristisch für das 19. Jahrhundert. Die veränderte Erwerbsstruktur und geographische Mobilität verstärkten Urbanisierungsprozesse und die Entwicklung industriestädtischer Standorte. 1800 gab es europaweit 23 Großstädte, in denen insgesamt 5,5 Millionen Menschen lebten. Etwa 100 Jahre später waren es bereits 135 Großstädte mit circa 46 Millionen Einwohnern. Zuwanderung war für den Aufstieg der Städte ein konstitutives Element. Die rasant wachsenden Städte und industriellen Verdichtungsräume mit ihren vielfältigen Erwerbsmöglichkeiten bewirkten als Magneten unterschiedlicher Reichweite Arbeitsmigration und dauerhafte Zuwanderungen.

Analog dazu gab es im 19. Jahrhundert auch europaweite Wanderungsbewegungen. Als Paradebeispiel gilt die polnische Zuwanderung nach Preußen und ins Ruhrgebiet; aber auch die irische Einwanderung in die Industriezentren Englands und Schottlands oder die Migration von Belgiern, Italienern und Spaniern nach Frankreich sind hier zu nennen. Industrialisierung und die damit verbundene Urbanisierung der europäischen Regionen benötigte in großem Ausmaß physische Mobilität. Diese Mobilitätserfahrungen flossen zunehmend in das urbane Leben und damit in die Biographien der Stadtbewohner ein.

Globalisierungsprozesse ganz unterschiedlicher Ausprägung sind in der Geschichte natürlich kein Ausnahmestand. Zum einen führten Kolonialismus, Industrialisierung und Weltkriege neben freiwilligen Migrationsbewegungen auch zu Flucht, Vertreibung, Zwangsverschleppung und anderen Formen gewaltsamer Migrationen im großen Stil. Zum anderen waren Großstädte vor der Bildung von Nationalstaaten schon immer als Weltstädte anzusehen. Geprägt durch kulturelle und religiöse

Hybridität und Vielschichtigkeit, wurden schrittweise globale Öffnungsprozesse vorangetrieben, die erst durch die Entstehung von Nationalstaaten mit ihrer Vereinheitlichungsdoktrin teils unterdrückt, teils marginalisiert und unsichtbar gemacht wurden. Das Neue am gegenwärtigen Globalisierungsprozess scheint aus diesem Blickwinkel, dass durch aktuelle weltweite Öffnungsprozesse nationale Selbstverständlichkeiten wie Homogenität und Kontinuität zunehmend ins Wanken geraten. Marginalisierte Gruppen, Diskurse und Perspektiven geraten ins Blickfeld.

Soziale Phänomene, die bisher als einheitlich und eindeutig wahrgenommen wurden, erweisen sich als widersprüchlich, ambivalent und hybrid. Es wird deutlich, dass es auch andere Modernitäten, Perspektiven und Welten gibt, die auf anderen Wirklichkeitskonstruktionen beruhen und damit auf die Kontingenz unserer Weltvorstellungen verweisen. Dazu schreibt Makropoulos: »Der kontextuellen Vervielfältigung der Wirklichkeit entsprach die Standpunktabhängigkeit des Sehens und die damit verbundene Einsicht, dass jede Totalität in einzelne, gegeneinander nicht privilegierbare Perspektiven zerfiel« (1997, 76).

Das Sehnsuchtsbild der ›europäischen Stadt‹, die das Ideal einer einheitlichen, territorial definierten und kulturell integrierten Stadtgesellschaft verkörpert, hat durch die neuen weltweiten Öffnungsprozesse wesentlich an Überzeugungskraft verloren und deutet auf eine weitere wichtige Entwicklungsdynamik hin, nämlich auf den Zusammenhang zwischen Urbanisierung und Globalisierung (vgl. Berking 2002, 12).

Überall sind Großstädte lebendiger Ausdruck der globalisierten Realität. Ein prägnantes Beispiel ist Istanbul, eine durch historisch gewachsene Diversität und Heterogenität geprägte Metropole. Vor der Gründung des Nationalstaats gehörte das Nebeneinander unterschiedlicher Kulturen, Milieus, Religionen und Traditionen zur Normalität. Diese Vielfalt und Vielstimmigkeit haben das Image der Stadt wesentlich geprägt. An den Ufern des Marmarameeres formierten sich verschiedene Stadtviertel, die durch unterschiedliche Gruppen und Milieus bewohnt waren, wie beispielsweise armenisch-gregorianische oder griechisch-orthodoxe. Der achte Hügel Galata auf der gegenüberliegenden Seite des Goldenen Horns war ab dem 13. Jahrhundert der Sitz einer genuesischen Handelskolonie und wurde somit zum Wohnquartier der römisch-katholischen Gemeinde (vgl. Aygen 2002, 115). Auch die Architektur spiegelt diese Vielfalt wider und profitierte von neoklassizistischen, klassischen und orientalischen Stilen. Später erfreute sich auch der Jugendstil in den neuen Sommerresidenzen am Bosporus und auf der asiatischen Seite großer Beliebtheit (vgl. Aygen 2002, 124).

Gerade in Hafenstädten konzentrieren sich Einflüsse aus aller Welt. Das Gesicht der Stadt Marseille beispielsweise hat sich über lange Zeiträume hinweg durch Migration immer wieder gewandelt. Arbeitsmigranten aus Italien, Spanien, Griechenland, Armenien oder der Türkei ließen sich hier nieder und errichteten eigene urbane Strukturen. Auch aus den ehemaligen französischen Kolonien in West- und Nordafrika gab es im 20. Jahrhundert zunehmende Einwanderung. Diese Diversität bildet eine spezifische lokale Identität und macht die faszinierende Anziehungskraft der Mittelmeermetropole aus, die sie ihrer lebendigen Migrationsgeschichte verdankt (vgl. z.B. Péraldi 1997).

Auch aus der Geschichte deutscher Städte lassen sich ähnliche Einsichten gewinnen. Stephan Lanz ist zuzustimmen, wenn er den Begriff ›Einwanderungsstadt‹ für eine Tautologie hält, verdanken doch Metropolen wie Berlin ihre Existenz gerade der Zuwanderung (vgl. Lanz 2007, 9). Hugenotten legten Ende des 17. Jahrhunderts den Grundstock für Berlin als Handels- und Handwerksmetropole, ein enormer Bevölkerungszuwachs prägte das Berlin zum Ausgang des 19. und Beginn des 20. Jahrhunderts und hinterließ tiefe Spuren im Stadtbild (vgl. Pienig 2011, 6). Die Erfolgsgeschichte Berlins beruht damit auf Migranten, die innerhalb von zehn Generationen das Gesicht der Stadt entscheidend veränderten (vgl. Weniger 2011, 51ff.).

Gerade die großen Schritte in der Entwicklung und Urbanisierung von Städten sind immer einhergegangen mit dem Zuzug von Menschen, die neue Ideen, Sichtweisen und Impulse mitbrachten.

Aus historisch-ethnographischer Perspektive beschreibt Erwin Orywal (2007) die Kölner Migrationsgeschichte, die Sozialgefüge und Alltagskultur der Stadt ständig gewandelt und eine Diversität hervorgebracht hat, die durchaus als Ergebnis einer zweitausendjährigen Zuwanderung angesehen werden kann. In seinem Programm »Biotop für Bekloppte« bringt der Kölner Kabarettist Jürgen Becker die turbulente Vergangenheit der Stadt vergnügt auf den Punkt:

»Dann kamen ja 55 vor Christus die Römer an den Rhein. [...] Obwohl der Römer an sich der Feind des Germanen war, haben die Ubier sofort mit denen gemaggelt, kollaboriert, wie man so schön sagt [...] und haben dann ihren restlichen

Stammesgenossen zugerufen: ›Kommt alle rüber, ist gut hier‹. [...] Die Römer wiederum kamen ja auch nicht alle aus Rom, das können Sie sich ja ausrechnen, so viele, wie das waren, die können ja nicht alle in einer Stadt gewohnt haben. Das waren Italiener, Nordafrikaner, Spanier, vordere Asiaten, in jedem von uns steckt auch ein Stück vorderer Asiate [...] Und dann noch die Ubier dazu, Sie sehen also, was für ein multikulturelles Gebräu wir sind. Wenn einer meint, ›Ausländer raus‹, dann wäre Köln völlig leer, dann wohnte hier kein Mensch mehr« (Becker 1992, 20f.).

Oder nehmen wir Wien: Die anlässlich der Sonderausstellung des Historischen Museums der Stadt zur Geschichte und Gegenwart der Zuwanderung nach Wien veröffentlichten Beiträge belegen aus unterschiedlichen Perspektiven, welche Rolle Migrationsbewegungen für die Entwicklung, Urbanisierung und Diversifizierung von Wien gespielt haben. Große Entwicklungsschritte in der Stadtgeschichte gingen immer mit dem Zuzug von Menschen einher, die neue Ideen, Sichtweisen, Impulse und vielfältige Kompetenzen mitbrachten. So vermerkt Peter Eppel einleitend:

»Gerade das typisch Wienerische hat viel mit der Randlage und Brückenfunktion dieser Stadt zu tun, mit den vielen Migrationsströmen, die ihre tiefen Spuren hinterlassen haben, ja unser Selbstverständnis bis heute prägen – auch wenn wir uns dessen oft nicht bewusst sind [...]. Im Alltagsleben der Wienerinnen und Wiener von heute kommt diese multiethnische Bevölkerungsentwicklung vor allem in der Sprache, Familiennamen, Straßennamen, Bräuchen und in der ›Wiener Küche‹ zum lebendigen Ausdruck. In sehr vielen Fällen auch durch den Stammbaum der eigenen Familie« (Eppel in »Wir« 1996).

Leon Deben und Jacques van de Ven beschreiben die Vergangenheit Amsterdams als eine Erfolgsgeschichte von unterschiedlichen Migrationsbewegungen und kommen zu dem Schluss, dass Immigration die wirtschaftliche Entwicklung vorangetrieben habe und unlösbar mit dem Wohlstand und dem Wohlergehen dieser Stadt verbunden gewesen sei (2009, 42ff.).

Dass auch München seine heutige Gestalt Migrationsbewegungen zu verdanken hat, machen eine Ausstellung und ein dazu erstellter Sammelband anschaulich (vgl. Bayer/Engl/Hess/Moser 2009).

Ähnliches gilt für Frankfurt a.M., das für viele Menschen zu einer ›globalen Heimat‹ geworden ist, wie die Beispiele in dem von Sven Bergmann und Regina Römhild (2003) herausgegeben Sammelband eindrucksvoll belegen. Und vergessen wir nicht das Ruhrgebiet, das inzwischen zu einer Metropolregion gewachsen ist, deren Städte überhaupt erst durch Migration entstanden sind und das Ruhrgebiet zu einem Industriestandort von weltweiter Bedeutung machten.

Im Verlauf des 19. Jahrhunderts wuchs die Bevölkerungszahl Londons um 340 %, die von Paris um 345 %, Wien um 490 %, Köln um 500 % und Berlin sogar um 872 % (vgl. Bade 2002, 73; Schäfers 1996, 23)!

Kurz gesagt, wir können davon ausgehen, dass Sesshaftigkeit über mehrere Generationen ein Mythos ist. Mobilitätserfahrungen und die damit verbundene Diversität/Heterogenität haben das urbane Zusammenleben seit jeher geprägt. Schon gegen Ende des 19. Jahrhunderts hatten die Hälfte der damals in Europa lebenden 400 Millionen Menschen mindestens einmal im Leben den Wohnort gewechselt, sei es transnational oder interkontinental. Und diese Tendenz verstärkte sich noch durch die Wirren der beiden Weltkriege. Auch in der Gegenwart gehören weltweite Migrationsbewegungen zur Normalität. Noch nie in der Geschichte verließen so viele Menschen als (Arbeits-)Migranten ihr Geburtsland wie zum Ende des 20. und Beginn des 21. Jahrhunderts. Nach Schätzungen des UN-Bevölkerungsfonds stieg die Zahl der Menschen, die nicht in ihrem Geburtsland leben, zwischen 1965 und 1990 von 75 Millionen auf 120 Millionen, im Jahr 2000 lag sie schließlich bei 150 Millionen (vgl. *Le Monde diplomatique* 2003, 54).

Im Gegensatz zu dieser faktischen Diversität bezweckt das nationalstaatliche Denken bis heute die Eliminierung von urbaner Komplexität und die Marginalisierung von Phänomenen, die Eindeutigkeit und Homogenität der nationalen Bindung gefährden könnten (vgl. Morley/Robins 2002, 555). Daher wird im politischen Diskurs der Beitrag migrationsbedingter Mobilitätsbewegungen zur Pluralisierung, Diversifizierung und Hybridisierung urbaner Räume bis heute weitgehend ignoriert (vgl. Yildiz/Mattausch 2009).

Um die historisch gewachsene Vielfalt der Städte aus den ›Archiven des Schweigens‹ zu holen, brauchen wir einen zweiten Blick auf urbane Welten, einen rigorosen Perspektivwechsel, durch den wir mehr über städtische Lebenswirklichkeiten erfahren und andere Verortungspraxen und Lebensentwürfe, die auf vielfältigen, sich überlagernden und differenten Wirklichkeitskonstruktionen und Kompetenzen basieren, ans Licht bringen können.

Jede dritte Lebensgeschichte in Großstädten ist mittlerweile eine von

Migration geprägte. Wenn wir heute von Großstadt sprechen, dann auch von ›Weltstadt‹, denn nationalstaatliche Grenzen verlieren für viele Menschen an Bedeutung. In der Gegenwart erfahren Phänomene wie Sesshaftigkeit und Mobilität einen Wandel. Lokale Geschichten sind heutzutage immer eingebettet in weltweite Zusammenhänge. Infolge geographischer Mobilität haben fast alle Menschen Verwandte oder Bekannte in verschiedenen Ländern, ihre Biographien weisen weltweite Bezüge auf, was als ein »banaler Kosmopolitismus« (Beck 2003, 33) bezeichnet werden kann, als eine Art ›Globalisierung von unten‹.

Um im Horizont solcher Reichweiten die ›historischen Sedimentbildungen‹ einer Stadt freilegen und in den Alltagspraktiken der Individuen entschlüsseln zu können, muss man also einen anderen Blick auf Stadt und Urbanität werfen. Wir würden aus diesem veränderten Blickwinkel mehr über die Urbanisierungsprozesse in Städten wie Köln, Berlin, Frankfurt oder Wien erfahren und andere Verortungspraxen erkennen, die auf vielfältigen, sich überlagernden und differenten Wirklichkeitskonstruktionen basieren.

Großstädte waren und sind noch immer Knotenpunkte von Migrationsbewegungen. Eine Vielzahl lokaler Kulturen, Milieus und Religionen aus allen Teilen der Welt treffen in städtischen Räumen aufeinander und verdichten sich dort zu lokalen Strukturen. In diesem Kontext stellt die weltweite Migration selbst ein konstitutives Phänomen der raumbildenden Qualitäten des Globalisierungsprozesses dar. »Auch Diasporas repräsentieren gleichsam denationalisierte Räume in den urbanen Zentren der Welt« (Berking 2002, 16).

So betrachtet, erscheint der global-city-Ansatz, der eher eine ökonomische Makroperspektive einnimmt, nicht plausibel, denn er übersieht, was in den Städten im Zuge globaler Öffnungsprozesse wirklich passiert. Die Niederungen des Alltags bleiben weitgehend unsichtbar. Über die Lebenswelten der Menschen, ihre Verortungspraktiken, über die Organisation von Lokalität auf weltgesellschaftlicher Basis erfahren wir aus der global-city-Perspektive wenig (vgl. Berking 2002, 17). Viele Erscheinungen, die als global oder transnational bezeichnet werden, bekommen erst durch lokale Aneignungsprozesse eine inhaltliche Richtung, eine biographische Relevanz für die Einzelnen und werden erst durch sie definiert (vgl. Römhild 2003).

Die heutigen Großstädte können daher als Knotenpunkte im global »space of flows« (Castells 1996) definiert werden, an denen sich die unterschiedlichsten Bewegungen von Menschen, Waren, Bildern, Informationen, Ideen und Kulturen überlagern und durchkreuzen – urbane Orte, an denen diverse und widersprüchliche Perspektiven und Differenzen aufeinander treffen, sich neue lokale Logiken entfalten und auf diese Weise eigensinnige urbane Geographien erzeugt werden (vgl. Prigge 1997, 53; Bergmann/Lange 2011).

Um diese weltweiten Wandlungsprozesse und deren lokale Niederschläge zum Ausdruck zu bringen, spricht Roland Robertson (1998) von »Glokalisierung«. Urbane Räume werden zu Plattformen, auf denen vielfältige lokale Kulturen, Entwicklungen und Ereignisse aus allen Regionen der Welt aufeinander treffen, aufgenommen und miteinander kombiniert werden und so eine räumliche Manifestation erfahren. Insbesondere am Beispiel von Migrationsbewegungen als wesentlichem Element weltweiter Öffnungsprozesse lässt sich diese Wechselwirkung zwischen Globalisierung und Lokalisierung verdeutlichen.

Neben den Möglichkeiten, die solche weltweiten Verbindungen für die Individuen im Alltag bieten, gibt es allerdings die vielerorts verschärften Grenzen der Nationalstaaten oder die hoch gesicherten Außengrenzen der Europäischen Union und die damit einhergehende Kontrolle von Mobilität, zusätzlich Diskriminierungen ökonomischer und politischer Art, die Migration zu unterbinden versuchen.

Abbildung 3: Kölsche Folklore und mehr, Weidengasse, Köln

Die faktische Normalität globaler Migrationsbewegungen scheint nicht überall auf Einsicht oder Zustimmung zu treffen, im Gegenteil: sie provoziert neue Feindbilder und neue Grenzziehungsprozesse. Einerseits sind wir also mit weltweiten Öffnungsprozessen konfrontiert, die sich im urbanen Kontext lokalisieren, normalisieren und ein anderes Weltbild, ein neues Kontingenzbewusstsein erzeugen, andererseits beobachten wir Schließungsprozesse, die mit neuen Nationalismen, Rassismen und Fundamentalismen einhergehen, wie etwa die aktuell zu beobachtenden Re-Ethnisierungs- und Renationalisierungstendenzen im osteuropäischen Raum.

Die Öffnung urbaner Räume zur Welt wird also durch Re-Nationalisierung konterkariert. »Wenn nicht der Nationalstaat, so gewinnt jedenfalls der Nationalismus an Boden«, so Claus Leggewie 2003, 55). Wolfgang Kaschuba sieht in der gegenwärtigen Inszenierung nationaler und ethnischer Selbstbilder in Europa, »eine qualitativ neue Thematisierung des ›Nationalen‹ als kulturelles Integrationskonzept« (Kaschuba 2001, 20). Gerade weil Grenzen zunehmend flüchtig werden, wird die Wahrnehmungsmauer im Kopf neu zementiert (vgl. Beck 2002, 66).

Die paradoxe Situation der Öffnung bei gleichzeitiger Verschärfung der Kontrolle gegenüber bestimmten Gruppen (Flüchtlinge, Illegale etc.), die als ›unerwünscht‹ und ›überflüssig‹ betrachtet werden, schafft für diese Menschen immer größere Barrieren. Geographische Mobilität gilt also nicht für alle im gleichen Maße. Eine solche globale Hierarchie der Mobilität ist Bestandteil einer Neuverteilung von Privilegien und Verlusten auf weltweiter wie auf lokaler Ebene; dabei findet eine Umschichtung der Menschheit statt (vgl. Bauman 1998, 70). Die Zunahme des religiösen Fundamentalismus in den USA, im Mittleren Osten und Indien, die Reaktivierung ethnischer Nationalismen in Zentral- und Osteuropa, die einwandererfeindliche Festung Europa können trotz aller Unterschiede im Detail als vergleichbare reaktive Antworten verstanden werden, die sich grundsätzlich gegen globale Öffnungsprozesse und gegen ein kosmopolitanes urbanes Weltverständnis wenden.

Mit anderen Worten: Zwar beobachten wir eine »progressive Kontingenzerfahrung« (Schmidt 2000, 108), durch die der Umgang mit Kontingenz ins Vertraute überführt und zur Alltagsnormalität wird, doch scheint die öffentliche Akzeptanz für Kontingenz und Diversität mangelhaft angesichts der Tatsache, dass die großen Meta-Erzählungen und Fundamentalismen jeglicher Couleur von politischen Fanatikern reaktiviert werden, um so die scheinbar unerträglich gewordene Komplexität, Vielschichtigkeit und Widersprüchlichkeit des Alltags zu reduzieren. Statt Kontingenz und Diversität als wichtige Ressource des urbanen Zusammenlebens zu erkennen, werden sie als Bedrohung existierender Verhältnisse dramatisiert.

Wie sich Kontingenzbewusstsein und kosmopolitanes Alltagsverständnis entwickeln, ob sie als eine notwendige Kompetenz oder als Bedrohung betrachtet werden, scheint mir eine wichtige Frage für die Zukunft einer Weltgesellschaft zu sein.

4. Umgang mit Migration und urbaner Diversität

»Die erste Wirkung einer Anpassung an andere ist, dass man langweilig wird« (*Elias Canetti*).

Die Geschichte der Migration kann, wie jede andere Geschichte auch, auf mehr als eine Art erzählt werden; wie dies getan wird, hängt wesentlich von unserer Voreinstellung ab. Bisher bestimmte eine ethnisch-national geprägte Perspektive den Grundton solcher Erzählungen. Aus Menschen, die über die Grenze kommen, werden die ›Anderen‹, ›Fremde‹, die es zu erforschen und zu verstehen, abzuwehren und zu kontrollieren, zu nutzen oder zu integrieren gilt.

Gerade im Umgang mit Mobilität in Form von Migration und urbaner Diversität kommt diese paradoxe Situation deutlich zum Ausdruck. Obwohl Migration ein wichtiger Katalysator für die globale Öffnung ist, scheint diese Einsicht noch nicht ins öffentliche Bewusstsein vorgedrungen zu sein. Wir beobachten also gleichzeitig eine veralltäglichte Kosmopolitisierung als auch eine alltägliche rassistische Diskriminierung bestimmter migrantischer Gruppen.

Selbst der so genannten zweiten und dritten Generation, also Nachkommen der Einwanderer, die seit Generationen in Deutschland oder Österreich leben, werden noch Fremdheit, Integrationsdefizite oder Integrationsresistenz vorgeworfen. Diese hegemonialen, paternalistischen Debatten haben sich längst normalisiert und zu langlebigen Mythen verdichtet. Im Laufe der Zeit hat sich auf dieser Basis praktisch eine Integrationsindustrie etabliert. Ihr Ausgangspunkt ist das Postulat einer homogenen einheimischen Gesellschaft, die einen angemessenen Umgang mit ›Fremden‹ und ›Anderen‹ finden müsse. Der Begriff »Parallelgesellschaft«, mit dem migrationsgeprägte Stadtviertel regelmäßig etikettiert werden, ist besonders bezeichnend für diese Grundannahme. Solche Stadtviertel gelten als verlorene Territorien, als Gefahrenzonen, soziale Brennpunkte, fundamentalistische Enklaven, ›no go areas‹ und werden so zu angstbesetzten Räumen (die Ronneberger/Tsianos 2009 als »panische Räume« bezeichnen). Raumideologien dieser Art stellen ein scheinbar verlässliches ethnisch-kulturelles Rezeptwissen bereit und fungieren im Integrationsbetrieb als Wegweiser der Wahrnehmung. Eine solche Macht-Wissen-Konstellation wird von Michel Foucault (1978) in einem anderen Zusammenhang als Dispositiv bezeichnet. Analog dazu können wir hier also von einem ›Integrations-Dispositiv‹ sprechen (vgl. auch Mecheril 2011, 6ff.).

Die Perspektiven und Erfahrungen der Migrationsfamilien dagegen und anderer Anwohnerinnen und Anwohner vor Ort, Komplexität und Hybridität des städtischen Alltags kommen in solchen Repräsentationen allenfalls als Abweichung von der ›hiesigen Normalität‹ zur Sprache. Die konkreten Lebensstile und Verortungspraktiken von Zugewanderten und deren Nachkommen erfahren dabei eine Abwertung. Nun sind es aber gerade diese sozialen Praktiken, die für die Konzeptualisierung der urbanen Stadtgesellschaft entscheidend sind. Wie Großstadtstudien zeigen, wurden und werden von Deindustrialisierung und Verfall bedrohte Stadtteile durch den Zuzug und die Kleinunternehmen von Migrantinnen und Migranten wiederbelebt. Eigeninitiative, soziale und transkulturelle Ressourcen spielen dabei eine wesentliche Rolle.

Gespräche mit (post-)migrantischen Jugendlichen zeigen beispielsweise, dass sie als Experten ihres Alltags wahrgenommen werden wollen, dass sie längst Teil der Stadtgesellschaft sind, von der sie paradoxerweise als Dauergäste oder Außenseiter behandelt werden.

Nationale Hegemoniediskurse

In ihrer Entstehung waren Großstädte immer vielfältig; sie waren mit Heterogenität und Differenzen konfrontiert, die erst durch die Entstehung von Nationalstaaten unterdrückt, marginalisiert oder unsichtbar gemacht wurden. Die Segmentierung der Welt in Nationalstaaten leitete ein ethnisch zentriertes Zeitbewusstsein ein und etablierte neue Weltdeutungen, Geschichtsschreibungen und kulturelle Normvorstellungen. Neue

Traditionen wurden erfunden, neue Grenzen gezogen und neue Ordnungen errichtet. Neue Einheiten wurden simuliert, einige Sprachen privilegiert, andere marginalisiert und diskriminiert. Insofern bedeutete die Etablierung von Nationalstaaten ein »kontrafaktisches Postulat« (Hahn 2003, 41).

Heute sind zwei Tendenzen zu beobachten: Einerseits verlieren die Nationalstaaten im Zuge globaler Entwicklungen als integrative Kraft an Bedeutung und es formieren sich neue lokale und regionale Orientierungshorizonte, unter denen Zusammenleben inszeniert und gestaltet wird (vgl. Yildiz 2004, 21ff.). Andererseits werden jedoch Nationalismen, Rassismen und Fundamentalismen wiederbelebt, die die Wahrnehmungsmauer im Kopf neu zementieren. Zwar sind weltweite Erfahrungsräume und Erwartungshorizonte in das scheinbar geschlossene System von Nationalstaaten und in unsere Weltkonstruktionen eingedrungen, doch wird unsere soziale Praxis noch immer durch die Regeln nationalstaatlich definierter Institutionen dominiert – etwa durch Passkontrollen, lokale Arbeitsmärkte oder eine restriktive Einwanderungspolitik. Wir beobachten also sowohl Denationalisierungsprozesse als auch die gegenläufige Neu-Inszenierung nationaler und ethnischer Selbstbilder in Europa, wodurch die weltweite Öffnung durch eine neue Thematisierbarkeit des Nationalen als »kulturelles Integrationskonzept« konterkariert wird (Kaschuba 2001, 20). Auch wenn Nationalstaaten ihre politische Kraft zunehmend verlieren, scheinen neue nationale Bewegungen an Gewicht zu gewinnen.

Wer heute die Zeitung aufschlägt, braucht nicht lange zu suchen, bis er den ersten Bericht über Integrationsprobleme mit Migranten findet. Migrationsgeprägte Viertel – manchmal sind es nur einzelne Straßenzüge – geraten pauschal ins Gerede. Sie werden vielfach zum Symbol einer verfehlten Migration und Integration stilisiert. So gelten vor allem muslimische (Post-)Migranten im öffentlichen Diskurs per se als Abweichler von der ›einheimischen‹ Norm. Durch Repräsentationen solcher Art wird die gesellschaftliche Wirklichkeit ideologisiert, Angst und Panik erzeugt. Gerade in der kommunalen Integrationspolitik scheint die Furcht vor einer ›Ghettoisierung‹ weit verbreitet, wie das folgende Zitat einer Studie, die im Auftrag des GdW Bundesverbandes deutscher Wohnungsunternehmen 1998 erstellt wurde, zeigt:

»Es lässt sich nicht genau bestimmen, wann in einer Siedlung eine Überforderung der Bewohner durch zu große Vielfalt der Lebensstile, der Alltagsgewohnheiten und der Sprachen eintritt. Eine kritische Schwelle ist in jedem Fall dann überschritten, wenn die einheimischen Deutschen im Erscheinungsbild der Siedlung, in den Schulen, auf den Spielplätzen und vor den Einkaufszentren zur Minderheit werden (›Fremde im eigenen Land‹)« (GdW Bundesverband deutscher Wohnungsunternehmen e.V. 1998, 4).

Eine solche Haltung hat bisher den Blick auf die gesellschaftsverändernde Kraft von Migrationsbewegungen und deren innovatives Potential versperrt. Sie stellt praktisch ein epistemologisches Hindernis dar. Strukturelle Barrieren und Diskriminierungserfahrungen, mit denen (post-)migrantische Gruppen tagtäglich konfrontiert sind und die nicht ohne Einfluss auf ihren gesellschaftlichen Status und biographische Entwürfe geblieben sind, werden damit in den Hintergrund gerückt. Mein Plädoyer besteht darin, einen etwas gelasseneren Blick auf das urbane Leben und die soziale Praxis von (Post-)Migranten zu werfen, der eine schlicht unverkrampfte, entdramatisierende Sicht der Dinge ermöglicht. Es wird sich dann zeigen, dass die städtische Alltagspraxis von (Post-)Migranten einer unspektakulären Pragmatik folgt – anders als es die simplen Zuschreibungen von Kultur und Tradition oder der permanente Bekenntniszwang, der auf diese Bevölkerungsteile ausgeübt wird, suggerieren (vgl. Nassehi 2001, 14).

Es fällt jedenfalls auf, dass der konstitutive Beitrag von Migrationsbewegungen im öffentlichen Gedächtnis kaum existiert. Führt man sich die publizistischen und politischen Debatten vor Augen, wird Migration entweder ignoriert oder skandalisiert. In einem Bericht des *Spiegel* mit dem Titel »Politik der Vermeidung«, in dem auf Thilo Sarrazins rassistische Berliner Rede Bezug genommen wird, kommt dieselbe Geisteshaltung zum Ausdruck:

»Erstarrt in den Traditionen ihrer anatolischen Herkunft bestehen archaisch organisierte Familienverbände auf der Einhaltung von Sitten und Gebräuchen, die nicht nur in der ehrgeizig aufstrebenden Weltstadt Berlin anachronistisch sind« (*Der Spiegel* 42/2009, 33).

Ganze Stadtteile, in denen sich mehrheitlich Migranten niedergelassen haben, werden in diesem Bericht als ›Problemviertel‹ abgetan. Solche

Kategorien, die man mit Pierre Bourdieu auch als wissenschaftlichen Mythos bezeichnen kann, bestimmen seit Jahrzehnten den rechtlichen, politischen und wissenschaftlichen Umgang mit (Post-)Migranten und blieben nicht ohne Folgen für deren gesellschaftliche Situation. Dahinter verbergen sich hegemoniale Sichtweisen, durch die ›Normalitäten‹ definiert, soziale Phantasien über ›Wir‹ und ›ethnisch Andere‹ produziert und so gesellschaftliche Machtverhältnisse organisiert und verfestigt werden.

Migrationsgeprägte Stadtviertel erfahren regelmäßig eine territoriale Stigmatisierung. Das Leben in diesen Quartieren gilt als Entgleisung, wird durch negative Abweichung von der Mehrheitsgesellschaft bzw. von der Mittelschicht charakterisiert. Die Begriffe ›Mehrheitsgesellschaft‹ oder ›Mittelschicht‹ bezeichnen dabei eine nicht weiter definierte, implizite Norm. Aus dieser Sicht erscheinen migrationsgeprägte Stadtviertel »als Horte versammelter Regellosigkeit, Abweichung und Anomie«, wie Loic Wacquant in Bezug auf die öffentliche Repräsentation amerikanischer Ghettos festgestellt hat (1998, 21).

Dieses auf einer fixen Vorstellung von bedrohlicher ›Andersartigkeit‹ basierende Ghetto-Konzept reduziert die (migrationsbedingten) Differenzen und »bewegte Zugehörigkeiten« (Strasser 2009) auf ein simples Modell der Abschottung und ignoriert weltweite Wandlungsprozesse und die damit einhergehenden transnationalen Räume und Lebensentwürfe. Mit einer solchen Raumideologie können alltägliche Praktiken und Lebensentwürfe, die im weltweiten Kommunikationszusammenhang stehen, kaum analysiert werden, weil das Kulturelle und Soziale als räumlich fixiert gedacht werden.

Vor allem (post-)migrantische Jugendliche, also die zweite und dritte Generation, werden in der Regel als ›homogene Gruppe‹ in Defizitbegriffen und als integrationsresistent wahrgenommen. Sie spielen in nahezu allen innenpolitischen Krisenszenarien eine Rolle und gelten – je nach Standpunkt der Beobachter – entweder als gefährlich oder gefährdet. Jenseits dieser Polarisierung scheint es keinen Spielraum zu geben. Den Nachkommen der ehemaligen Gastarbeiter werden schon gewohnheitsmäßig kulturelle Desorientierung und die daraus resultierenden Probleme unterstellt: angefangen vom Aufwachsen ›zwischen den Stühlen‹ über massive Probleme im Sozialisationsprozess bis hin zu grundsätzlichen Desintegrationstendenzen (vgl. dazu exemplarisch Heitmeyer/Müller/Schröder 1997, 152). In dieser Situation sei eine Verständigung zwischen

Einheimischen und Mehrheimischen kaum mehr möglich. Kien Nghi Ha bezeichnet diese Art des Umgangs zu Recht als »koloniale Praxis« (2007).

Bei der Fahndung nach Desorientierungs- und Desintegrationselementen in urbanen Räumen wird man natürlich immer fündig, weil Urbanität bzw. städtische Lebenswirklichkeiten per se in einer komplexen, vielschichtigen und widersprüchlichen Gleichzeitigkeit von Differenzierung und Entdifferenzierung, von Inklusion und Exklusion bestehen. Eine Perspektive, die nur nach Orientierungslosigkeit oder desintegrativen Momenten sucht, läuft allerdings Gefahr, die produktiven Dimensionen des urbanen Lebens auszuklammern bzw. in einer nostalgischen Vergangenheitsbeschwörung zu verharren (vgl. Krämer-Badoni 2002).

Tatsächlich aber zeugt das Schreckbild zerfallender Städte und kulturell desorientierter und gewaltbereiter jugendlicher Migranten von einem Hang zu einseitiger Betrachtung und pessimistischer Deutung. Solche ›Dystopien‹ unterschätzen die faktische Komplexität und Diversität in den Städten von heute und die vielfältigen Lebenswirklichkeiten ihrer Bewohnerinnen und Bewohner, kurz gesagt, die faktische Vitalität des urbanen Lebens.

Solange der Blick nur auf Krisen und Defizite gerichtet ist, geraten die komplexen Alltagswirklichkeiten aus dem Blick. Die pädagogischen, politischen oder stadtplanerischen Folgerungen, die aus solchen reduktionistischen Analysen gezogen werden, gehen dann an der Alltagspraxis der Menschen vorbei und die Interventionskonzepte, die sich an solchen Analysen orientieren, wirken sich oft genug kontraproduktiv aus.

Wenn (post-)migrantische Gruppen per se als problematisch betrachtet werden, ihnen eine ›unvollständige Sozialisation‹ attestiert, ihre soziale Praxis automatisch als mangelhaft und konfliktbeladen beschrieben und auf ethnisch-kulturelle Identität reduziert wird, ist die Entscheidung, was zum Problem erklärt wird und was nicht, bereits im Vorfeld getroffen und zwar durch vorgefertigte Kategorien und mythische Konzepte, ohne zuvor einen Blick auf die Alltagswirklichkeit geworfen zu haben. Dies ist eine äußerst zweifelhafte wissenschaftliche Praxis. Statt die Bedingungen zu untersuchen, unter denen diese Menschen leben, orientieren sich viele Analysen an den bekannten ethnischen Deutungsmustern und setzen deren Kategorien primär als gegeben voraus. Dieser Umgang produziert und reproduziert ein gesellschaftliches Rezeptwissen, das als Wegweiser der Wahrnehmung fungiert und auf dem weitere Beobachtungen basieren. In einer vom Berlin-Institut für Bevölkerung und Entwicklung durchgeführten Studie mit dem Titel »Ungenutzte Potentiale. Zur Lage der Integration in Deutschland« (2009), in der schon wieder die vermeintlich integrationsresistenten Migranten – gemeint sind Türken –, im Mittelpunkt stehen, kommt diese Geisteshaltung deutlich zum Ausdruck. Obwohl der Titel »Ungenutzte Potentiale« zunächst positive Assoziationen weckt, sieht man sich bei einer genaueren Lektüre mit den allzu bekannten Klischees über Migranten konfrontiert, wie folgende die Ergebnisse der Studie zusammenfassende Passage demonstriert:

»Zwar sind die meisten schon lange im Land, aber ihre Herkunft, oft aus wenig entwickelten Gebieten im Osten der Türkei, wirkt sich bis heute aus: Als einstige Gastarbeiter kamen sie häufig ohne Schul- und Berufsabschluss, und auch die jüngere Generation lässt wenig Bildungsmotivation erkennen [...] Ein Nachteil dieser Gruppe ist ihre Größe: Weil es vor allem in Städten so viele sind, fällt es ihnen leicht, unter sich zu bleiben [...]. Parallelgesellschaften, die einer Angleichung der Lebensverhältnisse im Wege stehen, sind die Folge« (S. 7).

Wie üblich ließen mediale Reaktionen, die die Ergebnisse der Studie auf ihre Weise interpretierten und inszenierten, nicht auf sich warten. »Für immer fremd« wurde beispielsweise eine Rezension im *Spiegel* 5/2009 überschrieben. Obwohl ihnen der Anschluss an die deutsche Gesellschaft noch nie so leicht gemacht worden sei wie heute, so die Autoren des Berichts, blieben die Migranten (gemeint sind vor allem die türkischen bzw. muslimischen) unter sich, ohne die Integrationsangebote in Anspruch zu nehmen. Diese ebenso festgefahrene wie problematische Diagnose bildet den Ausgangspunkt der Integrationsdiskurse, in denen bestimmte migrantische Gruppen per se als Störfaktor für die soziale Ordnung wahrgenommen werden.

Genauer betrachtet, zeigt sich im öffentlich inszenierten Migrationsdiskurs eine wie selbstverständlich praktizierte Doppelmoral: Bei der einheimischen Bevölkerung werden Phänomene von Mobilität, Individualisierung und Pluralisierung als Zeichen globaler Orientierung gelobt, bei (post-)migrantischen Gruppen aber, die ja zu den mobilen Bevölkerungsgruppen gehören, eher als nachteilig gewertet. Mehrfachzugehörigkeit und flexible Lebensentwürfe im Zeichen weltweiter Öffnungsprozesse werden bei Einheimischen zur Selbstverständlichkeit, zur Normalität oder zumindest zum Erfordernis unserer Zeit erklärt, bei ›Mehrheimischen‹ jedoch zum Problem.

Ein weiteres, häufig bemühtes Argument in diesem Kulturdiskurs steht im Zusammenhang mit der Forderung nach einem Bekenntnis zu einer ›deutschen Leitkultur‹. Statt anzuerkennen, dass die Lebensrealitäten diverser und pluraler geworden sind, wird eine problematische Diskrepanz zwischen den Migranten und dieser wie auch immer gearteten Leitkultur beschworen. Neue innergesellschaftliche und weltweite Entwicklungen und die gesellschaftsverändernde Kraft von Migrationsbewegungen im Zeichen weltweiter Öffnungsprozesse geraten dadurch aus dem Blick. Armin Nassehi hat in diesem Zusammenhang zu Recht konstatiert: »Was die moderne Gesellschaft an Stilen und Lebensformen, an Milieus und biographischen Diskontinuitäten erlaubt, hätte unser Land auch ohne Einwanderer zu einer ›multikulturellen‹ Gesellschaft werden lassen« (2001, 8).

Augenfällig ist in diesem Zusammenhang, dass die Migrations- und Integrationsforschung stets durch eine spezifisch pädagogisch-paternalistische Haltung dominiert wurde, zu deren Argumenten die Behauptung eines angeblichen Identitätsdefizits gehört, das durch gezielte Erziehungsmaßnahmen kompensiert werden müsse. Migration wird nicht als eine Form der Mobilität und damit als Neuorientierung verstanden, sondern als ein ›Anpassungsproblem‹. Nicht zufällig wurde die so genannte Ausländerpädagogik als eine kompensatorische Erziehung mit dem Ziel konzipiert den Migranten und deren Nachkommen bei der Eingliederung zu helfen. Unter dieser Prämisse wurde ihnen auch von wissenschaftlicher Seite eine ›falsche Sozialisation‹ unterstellt, ihre faktische familiäre und die erforderliche schulische Sozialisation wurden automatisch als unvereinbar betrachtet. Später wurden zwar interkulturelle oder transkulturelle Konzepte entwickelt, die weitere Perspektiven eröffneten. Gemeinsam bleibt ihnen jedoch bis heute die Fokussierung auf den kulturellen Faktor als das eigentliche Problem (Kulturdifferenzhypothese). Obwohl diese Ansätze seit einigen Jahren entweder wegen ihrer ›Sonderpädagogisierung‹ und/oder ihrer kulturellen und ethnischen Überbetonung kritisiert wurden (vgl. vor allem Radtke 1991; Bukow 1996; Yildiz 1997), hat sich diese defizitorientierte Deutung bis heute gehalten und gehört in den meisten europäischen Migrationsgesellschaften längst zum guten Ton. Eine derart pauschalierende, geradezu defizitbesessene Sicht, die einen Mythos ethnischer Identität beschwört, führt auf fatale Weise dazu, jede Mobilität in Form von Migration mit einem pessimistischen, abwertenden Blick zu betrachten.

Die Definition ethnisch-kultureller Konflikte basiert dabei kaum auf konkreten Alltagserfahrungen, sondern wird programmatisch vorgenommen. Es ist immer wieder zu beobachten, wie bestimmte politische, wissenschaftliche oder mediale Befunde ethnisierend und kulturalisierend in die Alltagspraxis eingreifen, konkrete Problemsituationen zum unlösbaren Kulturkonflikt stilisiert werden und auf diese Weise Differenz zur Devianz wird (vgl. Bukow/Jünschke/Spindler/Tekin 2003). Was vielleicht aus guter Absicht und in konventionell pädagogischer Manier unternommen wird, macht (post-)migrantische Gruppen automatisch zum Objekt kulturalistischer und ethnischer Stereotypisierung, konstruiert eine eigene Wirklichkeit und stellt in einer Art sich selbst erfüllender Prophezeiung die Grundlage für weitere Interventionen dar (vgl. Dannenbeck/Esser/Lösch 1999, 125). So entfaltet die Objektivierung des Anderen eine normalisierende Wirkung, die tief in die Praxis hineinreicht.

Es bleibt schließlich nicht aus, dass diese ethnische Reduktion der Gesellschaft und die regelrecht anfallartigen Integrationsdebatten, mit denen wir es in immer kürzeren Abständen zu tun haben, wesentlich mehr dazu beitragen, Realitäten zu schaffen als sie tatsächlich zu beschreiben. Die Macht der überethnisierten Sicht und deren gesellschaftliche Folgen scheinen unausweichlich:

»Ethnische Kategorien prägen das institutionelle, aber auch das informelle Erkennen und Wiedererkennen. Sie strukturieren nicht nur Wahrnehmung und Interpretation im Auf und Ab der alltäglichen Interaktion, sondern kanalisieren das Verhalten durch offizielle Klassifikationen und organisatorische Routinen. So können ethnische (und andere) Kategorien benutzt werden, um Rechte zuzuweisen, das Handeln zu regulieren, Nutzen und Lasten zu verteilen, kategorienspezifische Institutionen zu schaffen, bestimmte Personen als Träger kategorialer Eigenschaften zu identifizieren« (Brubaker 2007, 43).

Dieses auf ethnische Kategorien basierende Integrations-Dispositiv verweist neben den organisatorischen auch auf kognitive Strukturen, in denen ethnisch codiertes Wissen reproduziert wird, wie also Menschen die soziale Welt deuten, Wissen produziert, angeeignet, gespeichert, tradiert, je nach Situation aktiviert und auf neue Bereiche übertragen wird. Es werden damit nicht nur bestimmte Gruppen auf spezifische Weise repräsentiert, sondern alltägliche Erfahrungen interpretiert, Schlussfolgerungen gezogen, Erwartungen definiert und das Handeln organisiert, eine Art »mentales Erkenntnisinstrument, das mit minimalen Daten eine komplexe Interpretation leistet« (Brubaker 2007, 44). Die oben genannte Berliner Studie und deren mediale Rezeption ist ein beredtes Beispiel. Dass sich inzwischen jeder ›Einheimische‹ im Umgang mit (Post-)Migranten berufen fühlt, als Experte aufzutreten, ist ein deutlicher Hinweis auf diesen hegemonialen Habitus. Die alltäglichen Fragen, woher jemand kommt, wann er gedenke, in seine Heimat zurückzukehren oder die Verwunderung darüber, dass ein ›Ausländer‹ gut deutsch spricht oder sogar zur Bildungselite gehört, sind aus der Kommunikation mit Zuwanderern kaum noch wegzudenken. (Post-)Migranten sind und bleiben Dauergäste. Die gesellschaftliche Festlegung auf eine spezifische Fremdheitsposition erschwert es schließlich, migrationsspezifische Erfahrungen und Wissen zu reflektieren und die Entwicklung migrationsgeprägter Orte als urbane Experimente zu betrachten.

Die normierende Kraft des Ethnischen

Politische und publizistische Diskurse schaffen regelmäßig Bedrohungsszenarien, wobei sie vor einer banalen Ideologisierung der gesellschaftlichen Wirklichkeit nicht zurückschrecken. Beispielhaft ist die aufgeregte Debatte vor einigen Jahren um die Rütli-Hauptschule in Berlin-Neukölln. Sie ist regelrecht exemplarisch dafür, wie eine panische Stimmung erzeugt werden kann. Die Rütli-Hauptschule erwarb sich dadurch den Ruf einer »Terrorschule« (vgl. Spiewak 2006; Blasberg/Uchatius 2006), die ›Unterschichtung‹ des Bildungswesens durch (post-)mi-grantische Kinder und der Kampf der betroffenen Gruppen um Anerkennung wurde als ›ethnische Sezessionsbewegung‹ verurteilt. Dieser Streit mündete wieder in die alte Rede von delinquenten jugendlichen Migranten, die ›einheimische‹ Schulen ›überfluten‹ und deren Niveau nach unten ziehen und die sich in Banden und Parallelgesellschaften selbst isolieren würden.

Sind solche Denkmuster erst etabliert, entfaltet dieses gesellschaftliche Wissen sein Eigenleben, wird ständig reproduziert und avanciert schließlich zum ›ethnischen Rezeptwissen‹, zu einem Fundus scheinbar unumstößlicher Wahrheiten und Handlungsanweisungen. Den gesamten Macht/Wissen-Komplex kann man, angelehnt an Michel Foucault (1973), auch als Ethnizitätsdispositiv bezeichnen, das als ein solches Rezeptwissen in unterschiedlichen Bereichen der Gesellschaft fungiert. Hier handelt es sich also nicht einfach um individuelle Vorurteile, sondern um einen weit verbreiteten gesellschaftlichen Wissensbestand, der zunächst als Ergebnis des historischen Umgangs mit Migration zu betrachten ist und durch aktuelle Prozesse von Kulturalisierung, Ethnisierung und Stigmatisierung weiter tradiert wird. Er ist Bestandteil der gesellschaftlichen Normalität und macht eine bestimmte Gruppe erst sichtbar, die schließlich als Problemfall identifiziert wird. Die Metaphern ›zwischen zwei Stühlen‹ oder ›zwischen zwei Kulturen‹, die schon formelhaft zur Beschreibung der Lebenslage von (post-)migrantischen Kindern und Jugendlichen benutzt werden, also im Grunde die Unterstellung einer Art kultureller Schizophrenie und Therapiebedürftigkeit, sind ein Bestandteil dieses Ethnizitätsdispositivs, das mit seiner normalisierenden Wirkung längst zur alltäglichen Grundüberzeugung geworden ist. Das ethnisch codierte Alltagswissen entlastet und entspricht dem Bedürfnis nach Eindeutigkeit. Solche Wissensformen, die von der lebensweltlichen Phänomenologie bis zur Habitus-Theorie von Pierre Bourdieu als »doxische Hintergrundüberzeugungen« bezeichnet werden, nehmen – wie Sighard Neckel (1995, 663) in einem anderen Zusammenhang konstatiert hat – in Weltbildern und Deutungsmustern eine konzentrierte Form an. Pierre Bourdieu definiert doxische Grundüberzeugungen als ein System der Wahrnehmung und Bewertung von sozialen Ordnungsbeziehungen, die gleichermaßen die reale wie imaginäre Weltauffassung begründen und für die Beteiligten zur Verfügung stehen (vgl. Bourdieu 1982, 734f.). Das ethnisch codierte Alltagswissen erlaubt die Ausbildung von Routinen, die als Garanten subjektiver Wirklichkeit wirken.

Die Massenmedien leisten in unserer multimedialen Gegenwart einen wesentlichen Beitrag zur Verbreitung, Veralltäglichung und Normalisierung dieses ethnischen Alltagswissens. Es ist keine neue Erkenntnis, dass Medien bestimmte Normalitätsvorstellungen sichtbar machen, Grundüberzeugungen und Stimmungen aufgreifen, kommunizieren und reproduzieren, die in anderen gesellschaftlichen Kontexten erzeugt wurden. Andere Sichtweisen von Migration und Diversität werden bisher kaum thematisiert. Eine an diesem ›ethnischen Vorwissen‹ orientierte mediale Wirklichkeit spiegelt also nicht die differenzierten Alltagserfahrungen der Betroffenen wider, sondern allenfalls die überlieferten defizitorientierten Alltagsmythen (Yildiz 2006, 35ff.).

Immer wieder werden im aktuellen Diskurs migrationsbedingte Wandlungsprozesse skandalisiert, wobei besonders Migranten mit türkischem Hintergrund, die in der Bundesrepublik Deutschland zahlenmäßig die größte Gruppe darstellen, in den Fokus geraten. Dass sie nur in ihrer Muttersprache kommunizieren, Deutsch nur mangelhaft beherrschen, sich in ihre türkische Medienwelt zurückziehen und nur ihre eigene Ethnizität pflegen würden, sind allzu bekannte Argumente. »Ein Lagebericht aus der türkischen Parallelgesellschaft«, so lautete der Untertitel eines Artikels in der Wochenzeitung *Die Zeit* vom 22. Juni 2006. Gemeint ist Berlin-Kreuzberg, wo die Satellitenschüsseln nach Istanbul gerichtet seien. Die falsch ausgerichtete Satellitenschüssel wird hier zum Sinnbild für eine Gefährdung des ›Projekts Integration‹ und damit auch bedrohlich für Homogenität und Geschlossenheit ›unserer‹ Gesellschaft. Angestrengt wird nach Lösungen gesucht. »Die Integrationskurse sind entscheidend, um an die Parallelgesellschaft heranzukommen«, betonte CDU-Innenpolitiker Reinhard Grindel. Gerade für Frauen sei der Integrationskurs eine Möglichkeit, aus ihrer Isolation herauszukommen (vgl. *Frankfurter Allgemeine Sonntagszeitung* vom 16. April 2006).

In dieser entsubjektivierenden Wahrnehmung erhalten Menschen mit ›mehrheimischem‹ Hintergrund einen ontologischen Status. Der Diskurs um die so genannte ›Parallelgesellschaft‹ bedient eine Kollektivsymbolik und konstruiert schließlich seine eigene Wirklichkeit. Er spiegelt die tiefe Besorgnis über das Anderssein wider, das Migranten, insbesondere aus dem ›orientalischen Raum‹, nach Europa bringen würden (vgl. Said 1978). Die kontroversen Debatten über den EU-Beitritt der Türkei bedienen solche Mythen. Die deutsche bzw. europäische Bevölkerung soll gegen eine imaginierte kulturelle Invasion, gegen eine ›Fremdkultur‹ verteidigt werden. Diese gedankliche Fixierung auf ›die‹ nationale Gemeinschaft ist eine zutiefst problematische, um Ausschluss bemühte Form kulturellen Ordnens, die dazu tendiert, die Einheit und Homogenität im Inneren sowie den Gegensatz zum Außen zu betonen. Exemplarisch könnte man dies an der Kategorie ›Familie‹ zeigen. Normalerweise wird sie als eine zentrale Instanz betrachtet, bestimmte kulturelle Praktiken und Wissensformen zu vermitteln. Dies wird jedoch nur der ›einheimischen Familie‹, die aus dem interessengeleiteten Blick deutschen Normvorstellungen entspricht, zugestanden, andere dagegen werden als abweichend von hiesigen Standards, als problematisch betrachtet. Im öffentlichen Migrationsdiskurs taucht der Begriff des ›Ausländers‹ immer wieder als eine soziale Kategorie auf. Nicht der persönliche Beitrag, der im Verlauf des alltäglichen sozialen Handelns erbracht wird, sondern die bloße juristische oder herkunftsmäßige Zuordnung wird zum Maßstab gemacht. In Konfliktfällen dient dieser unreflektierte Blick zur Legitimation vorhandener Mythen und verstellt damit die Sicht auf die dahinter verborgenen Wirklichkeiten. Auf diese Weise entsteht eine normalistische Strategie, deren Sinn darin liegt, ›reale‹ Situationen vorzuführen, in denen Migranten als Störfaktor erscheinen.

Urbane Alltagspraxis als migrationssoziologisches Experiment

Beobachtungen vor Ort führen zu differenzierten Einsichten in die Alltagspraxis der Bewohnerinnen und Bewohner migrationsgeprägter Stadtteile. Ihre Lebensstile werden nicht als Abbild der Herkunftswelt oder als Erweiterung einer Herkunftskultur verstanden, sondern als ein lokales und spezifisches Arrangement, eine Praxis, die sich unter zum Teil restriktiven gesellschaftlichen Bedingungen entwickelt hat, eine Art ›Überlebensstrategie‹ also. Die permanente Auseinandersetzung mit strukturellen und anderen Barrieren führt zur Entwicklung spezifischer Kompetenzen und prägt die gesellschaftliche Verortung und die Lebensentwürfe von Migranten und ihrer Familien. Louis Henri Seukwa (2006) bezeichnet diese Fähigkeit zu Recht als »Habitus der Überlebenskunst«.

Betrachtet man die Alltagspraxis (post-)migrantischer Gruppen, sieht man sich plötzlich mit einer recht undramatische Situation konfrontiert. Was aus der Außensicht oft genug als undifferenziert, problematisch und schlimmstenfalls bedrohlich beschrieben wird, erweist sich aus der Binnensicht als durchaus vielfältig, mehrdimensional und hybrid (vgl. Tschernokoshewa 2005, 9ff.). Die Lebenswirklichkeit von (Post-)Migranten in den Stadtvierteln zeigt, dass sie über mehr als eine ›Heimat‹ verfügen, also in positiver Umdeutung nicht ein-, sondern ›mehrheimisch‹ sind, multiple kulturelle und soziale Netzwerke und Bindungen entwickeln können, dass sie dabei mit den zugeschriebenen ethnischen Sortierungen kreativ und subversiv umzugehen wissen und auf diese Weise eine über ethnische und nationale Grenzen hinausreichende transkulturelle Alltagspraxis entwerfen. Ihr Alltagsleben ist – so zeigen die Gespräche, die wir mit Jugendlichen führten – in unterschiedlicher Weise in Prozesse und Ereignisse involviert, die nicht mehr auf lokale Gegebenheiten reduziert werden können, auch wenn sie sich lokal manifestieren und für die Jugendlichen lokalspezifische Bedeutungen aufweisen. Es ist eine Art Lokalität, die auf weltgesellschaftlicher Basis organisiert wird.

Abbildung 4: ›Gott schütz und segne dieses Haus. Und all die gehen ein und aus‹: Hoai Viet, Weidengasse, Köln

Kulturelle und nationale Kategorien, die aus Menschen Türken, Marokkaner, Afrikaner oder einfach Ausländer machen und sie auf eine spezifische, ethnisch-kulturelle Herkunft reduzieren, ignorieren die urbanen Kontexte, in denen sich das Leben abspielt und in denen Biographien entworfen und zusammengefügt werden. In dieser Hinsicht wurde in der kritischen Migrationsforschung seit Jahren ein radikaler Perspektivwechsel gefordert, der aber innerhalb der Forschungslandschaft bisher marginal geblieben ist (vgl. Bukow 1996; Mecheril 2004; Hamburger 2009). Es geht darum, Migration und Migranten nicht zum folkloristischen Anschauungsobjekt, sondern zum Subjekt der Nachkriegsgeschichte zu machen. Migration ist nicht mehr als ›Identitätsdefekt‹ zu betrachten, sondern als Neuorientierung in einer zunehmend globalisierten Welt.

Die Ergebnisse unserer Studien belegen, dass Städte und Stadtviertel hoch differenzierte, durch Migration und Mobilität geprägte Gebilde sind. Kinder und Jugendliche aus Migrationsfamilien sind dort aufgewachsen, haben sich in unterschiedlichen Alltagskontexten eingerichtet, sich eigene Räume gesucht und geschaffen. Sie organisieren sich lebensweltliche Inseln, Orte des Alltags und der Nähe, und gestalten auf diese Weise die Stadt, den Stadtteil mit (vgl. Bukow/Nikodem/Schulze/Yildiz 2001). Diese individuellen Aneignungsprozesse im jeweiligen alltagsweltlichen und gesellschaftlichen Kontext haben für die Betroffenen eine nicht zu unterschätzende Sozialisierungsfunktion.

Durch weltweite Mobilität werden die Aneignungsprozesse von Unvertrautem und Fremdem vervielfältigt und forciert. Dadurch entstehen neue Sozialräume, Beziehungen und Netzwerke und werden neue Formen des Sozialen etabliert. Gerade urbane Kontexte mit ihren formalen Strukturen sind Orte, die Unterschiede zulassen, Diversität begünstigen und als Plattform für Auseinandersetzungen fungieren.

Die Pluralisierung und Diversifizierung von Welten ist zum einen ein Hinweis darauf, dass unendlich viele Differenzen zwischen Menschen möglich sind und zum anderen dem Einzelnen durch formale Einbindung potentiell die Möglichkeit zur Verfügung steht, in unterschiedlichen Welten zu leben, sich neu zu orientieren und zu organisieren.

Um diese im Kern selbstverständliche Lebenspraxis zu erhellen, muss man sich zunächst Einblicke in die soziale Grammatik urbaner Lebenskontexte verschaffen, Kontexte, in deren Alltäglichkeit überhaupt erst sichtbar wird, die im konventionellen Krisendiskurs ausgeblendet bleibt, wie nämlich Menschen in differenz- und mobilitätsgeprägten Städten oder Stadtquartieren lebenspraktisch miteinander umgehen, mit welchen Konflikten und Krisen sie sich auseinandersetzen, wie sie sich organisieren, welche Lebensformen und Milieus gebildet werden. So kann auch sichtbar gemacht werden, welche Kontexte für sie im formalen gesellschaftlichen Zusammenhang, ökonomisch, schulisch, politisch relevant werden, wie sie sich privat einrichten, einen entsprechenden Lebensstil entfalten und ihn biographisch bearbeiten, wie sie all dies nutzen, um eigene Interessen zum Ausdruck zu bringen, mit welchen Konflikten und Barrieren sie konfrontiert werden, welche Strategien dabei entwickelt werden, welche Rolle die Familie, die Freundschaften, persönliche Netzwerke, andere Zugehörigkeiten dabei spielen.

Abbildung 5: Passant, Santiago de Cuba, Weidengasse, Köln

Abbildung 6: Passanten, Weidengasse, Köln

Im Vergleich zur ersten Einwanderergeneration, die eher unsichtbar blieb, entwickeln die Jugendlichen der zweiten und dritten Generation – trotz struktureller Barrieren – ein neues Bewusstsein und damit auch neue Perspektiven (vgl. Terkessidis 2004). Ihnen gelingt es inzwischen, andere urbane Verortungspraktiken und Grenzbiographien zu entwerfen, die mit ethnisch-nationalen Kategorien kaum zu fassen sind. Auf diese Weise werden sie sichtbar, zeigen sich als integraler Bestandteil der Gesellschaft. Im Grunde handelt es sich um Lebensentwürfe von Jugendlichen, die selbst nicht eingewandert sind, die aber als ›Migrant‹ oder ›Muslim‹ wahrgenommen und ins gesellschaftliche Abseits gedrängt werden. In der Auseinandersetzung mit den hegemonialen Verhältnissen beginnen sie, ihre eigenen Geschichten zu erfinden und neu zu erzählen, indem sie unterschiedliche und scheinbar widersprüchliche Elemente zu Lebensentwürfen zusammenfügen, die irritierend auf konventionelle, national geprägte Denkmuster wirken (vgl. Yildiz 2010).

Zu diesen Lebensstrategien gehört auch eine Art ›Selbstethnisierung‹, eine gezielte Reaktion auf gesellschaftliche Ethnisierung und strukturelle Machtverhältnisse. So werden die hegemonialen Zuschreibungen unterlaufen und produktiv umgedeutet. Das antirassistische Bündnis ›Kanak Attak‹, das eine lose Verbindung von Jugendlichen und Heranwachsenden in deutschen Städten darstellt, ist ein Beispiel dafür, wie aus dem Schimpfwort ›Kanake‹ mittels ironischer Umdeutung eine positive Selbstdefinition gemacht wird. Stuart Hall nennt solche Strategien »Transkodierung« (Hall 1994).

Dass das Phänomen Einwanderung und deren konstitutiver Beitrag für das urbane Zusammenleben weitgehend ignoriert wurde, kann auch als deutlicher Beleg dafür angesehen werden, dass Einwanderung stabiler ist, als man allgemein wahrhaben will: »Immigranten der zweiten und dritten Generation tauchen sowohl als Unternehmer als auch als Studierende an Universitäten auf, sie kommen als deutschsprachige (sic!) Schriftsteller vor, wie auch als Jugendliche mit bayerischem, schwäbischem, westfälischem oder Berliner Zungenschlag – wenn alles gut geht, bald auch mit sächsischem« (Nassehi 2001, 12).

Diese Neuorientierungsprozesse im urbanen Kontext sind als Wirklichkeitskonstruktionen zu betrachten, die einem hegemonialen Integrationsverständnis diametral entgegenstehen. Die urbanen Räume, in denen sich (Post-)Migranten bewegen, sind als Orte zu sehen, in denen nationale Konstruktionen und Zugehörigkeiten in Frage gestellt, neue

Lebensentwürfe probiert und gelebt werden. Dies ist auch ein Hinweis darauf, dass Zugehörigkeiten, Identitäten und Differenzen in Bewegung geraten sind, sich lokal und kontextspezifisch immer wieder neu formieren. Arjun Appadurai spricht in diesem Zusammenhang von neuen »Dynamiken der Enträumlichung« (1998, 13). In solchen ›Vorstellungswelten‹ werden auch ›Heimatländer‹ und ›Heimatkulturen‹ neu erfunden (vgl. ebd., 14). Der hybride kulturelle Hintergrund forciert die Suche nach anderen Lösungen und Strategien jenseits vom Althergebrachten. Kategorien von Herkunft, Zugehörigkeit und Ort verlieren schrittweise ihre Gültigkeit. Diese Verortungspraxen lassen sich nicht so einfach in die üblichen Konventionen einordnen und wirken daher irritierend auf gängige Normalitätsvorstellungen.

Erst wenn wir uns vom Mythos der ewigen Sesshaftigkeit verabschieden, wird sichtbar, dass Migration für die Betroffenen primär mit einer biographischen Neuorientierung verbunden ist. Zuwanderer bringen immer ihre eigenen biographischen Erfahrungen, kulturellen Hintergründe und Kompetenzen mit, die sie in neuen Kontexten als Ressource nutzen. So werden durch Migration neue urbane Räume geschaffen, die sich sowohl von denen unterscheiden, die verlassen, als auch von denen, die neu bezogen wurden.

Sobald eine soziologische Perspektive eingenommen wird, die diese Bezeichnung verdient, wird ein Bewusstsein von Diversität nicht nur innerhalb der (post-)migrantischen Bevölkerungsgruppen, sondern auf gesamtgesellschaftlicher Ebene erkennbar, eine Diversität, die sich nicht in nationalen Kategorien erfassen lässt. Mit der Verschiebung von der mythologischen auf die alltägliche Ebene und der Anerkennung von Diversität und Komplexität, wird eine andere Perspektive möglich, aus der Menschen nicht als homogene Gemeinschaften oder Gruppen definiert werden, sondern als Individuen mit jeweils eigenen Erfahrungen, individuellen Präferenzen und Biographien ins Blickfeld rücken.

Dies erfordert, dass wir unser Denken befreien von starren Kategorien wie Einheit, Ganzheit und Identität, die ein intellektuelles Konstrukt der europäischen Aufklärung darstellen (vgl. Yildiz 2006a, 36ff.). Es ist endlich an der Zeit, die sozio-historische Wirksamkeit der Vorstellung von Identität kritisch zu reflektieren, da Identität historisch als ein exklusives Ordnungsprinzip fungiert hat, das Menschen oder Kulturen als klar begrenzte Einheiten festschreibt. Diese Auffassung hängt mit einer Logik der Immobilität zusammen, die mit einer Abwertung von geographischer und kognitiver Mobilität einhergeht. Aus dieser Logik erscheint Ambivalenz oder Uneindeutigkeit in der europäischen Moderne als Skandal (vgl. Bauman 1992, 21).

Wenn man die Perspektive wechselt und die konkreten biographischen Entwürfe zum Ausgangspunkt nimmt, gibt es Grund genug, auf das herkömmliche Identitätskonzept zu verzichten. Vor allem Migranten aus den asiatischen oder afrikanischen Regionen sehen sich ständig mit der Identitätsfrage – generell gestellt als Frage nach Zugehörigkeit und Loyalität – konfrontiert. Wenn wir also den Fokus von einer fiktiven Eindeutigkeit auf die konkrete Alltagspraxis verlagern, bedeutet dies, Individuen mit ihren Lebensgeschichten, Plänen, Wünschen und Zielen wahrzunehmen, die denen der Einheimischen in mehr als einer Hinsicht ähnlich sind. Es bedeutet, ihre Erfahrungen und Biographien, die sie unter spezifischen Bedingungen entwerfen, zum Ausgangspunkt zu machen, führt aber auch zu der Erkenntnis, dass selbst für andere Bevölkerungsteile Kategorien wie Sesshaftigkeit oder homogene Identität längst nicht mehr zutreffen, ja dass jeder Mensch auf unterschiedliche Weise sesshaft und mobil zugleich ist.

Es kommt also nicht darauf an, wie Migrantengruppen fiktive ethnische Identitäten entwickeln, sondern darauf, welche Erfahrungen die betroffenen Menschen mit Migration und weltweiter Mobilität machen, wie sie sich lokal verorten, welches Wissen sie sich aneignen und welche Strategien und mobilen Lebensformen sie entwickeln. Erst durch diesen Perspektivenwechsel werden Verortungspraxen erkennbar, die bisher ignoriert bzw. marginalisiert wurden, geraten soziale Praxen in den Blick, in denen Mobilität das operative Prinzip ist.

Mit einem solchen Perspektivwechsel verändert sich die Blickrichtung auch in praktischer Hinsicht. Es kann jetzt nicht mehr darum gehen, bei Konflikten und Problemen einfach zum Abbau von migrationsbedingter Diversität aufzufordern, sondern diese Diversität als neue Realität zu akzeptieren, anzuerkennen und strukturelle Folgerungen daraus zu ziehen.

Wir brauchen eine Umorientierung, um andere Bilder oder Aspekte freizulegen, die in den ethnisch-national geprägten Deutungen mehr oder weniger bewusst ausgespart bleiben. So werden urbane Lebensentwürfe und Kompetenzen sichtbar, die bisher marginalisiert, ignoriert oder verdrängt wurden. Wie Jacques Le Goff (1992) treffend formulierte: »Es gilt, ein Inventar der Archive des Schweigens zu erstellen«. Ein Blick auf diese ›Archive‹ enthüllt Realitäten, die jenseits von ethnisch-nationalen Inszenierungen verlaufen.

5. Fremdheit im urbanen Kontext

Widersprüchlichkeit und Inkompatibilität gehören zum urbanen Leben. Dass sich Menschen in der Stadt zunächst als Fremde begegnen, ist eine empirische Tatsache und Teil unserer Alltagsnormalität. Überspitzt könnte man sogar behaupten, dass in jeder Großstadt jeder jedem fremd ist. Völlig unterschiedliche Welten und »Menschenlandschaften« (Nazim Hikmet) können in dichten städtischen Räumen nebeneinander existieren. Die Alltagsphilosophie ›leben und leben lassen‹ bringt diese urbane Geisteshaltung zum Ausdruck. Im Zuge weltweiter Öffnungsprozesse gewinnt sie eine neue Qualität, da wir zunehmend mit exogenen Einflüssen konfrontiert werden, die unsere vertrauten Erfahrungs- und Erwartungshorizonte in einem neuen Licht erscheinen lassen und uns zu einem anderen Weltverständnis nötigen. Die latente bzw. implizite Kosmopolitisierung unserer Lebenswirklichkeiten ist ein prägnantes Beispiel dafür, wie erst als ›fremd‹ erscheinende Elemente im Laufe der Zeit schrittweise eingemeindet und ins Vertraute überführt werden (können). Fremdheit kann nur als Folge, nicht als Voraussetzung sozialer Praxis definiert werden. Aus dieser Sicht erscheint es rätselhaft, warum Fremdheit in manchen wissenschaftlichen Abhandlungen oder öffentlichen Debatten weiterhin als eine ontologische Kategorie aufgefasst wird, wie etwa in dem essayistischen Beispiel von Hans Magnus Enzensberger:

»Zwei Passagiere in einem Eisenbahnabteil [...]. Sie haben sich häuslich eingerichtet, Tischchen, Kleiderhaken, Gepäckablagen in Beschlag genommen. Die Tür öffnet sich,(sic!) und zwei neue Reisende treten ein. Ihre Ankunft wird nicht begrüßt. Ein deutlicher Widerwille macht sich bemerkbar, zusammenzurücken, die freien Plätze zu räumen [...]. Dabei verhalten sich die ursprünglichen Fahrgäste, auch wenn sie einander gar nicht kennen, eigentümlich solidarisch. Sie treten den neu Hinzukommenden gegenüber als Gruppe auf« (1992, 11ff.).

Die neu Hinzugekommenen werden zwar als Eindringlinge angesehen, doch mit der Zeit geduldet. Man hat sich an sie gewöhnt. Wenn jetzt wieder zwei weitere Passagiere die Abteiltür öffnen, wird sich der Status der zuvor Eingetretenen ändern: »Eben noch waren sie Eindringlinge, Außenseiter; jetzt haben sie sich mit einem Mal in Eingeborene verwandelt«. Und ihnen fehle, so bemerkt er weiter, jedes Verständnis für die Neuankömmlinge. Daraus schlussfolgert er, »Gruppenegoismus« und »Fremdenhass« seien »anthropologische Konstanten«, die jeder Erklärung vorausgehen würden. »Ihre universelle Verbreitung spricht dafür, dass sie älter sind als alle bekannten Gesellschaftsformen« (1992, 14).

So plausibel dieses Argument auch klingt, Enzensberger vergaß dabei gesellschaftliche Strukturen und Machtverhältnisse. Für die Fremdwahrnehmung macht es einen gewissen Unterschied, welche Personen schon da sind und welche hinzukommen (ob nichtweiß, verschleiert, alt oder jung, Polizist oder Landstreicher, Frau oder Mann).

Einerseits hat sich die Konfrontation mit Fremdheit generalisiert und normalisiert. Sie wird also zur alltäglichen Erfahrung und impliziert keine »großen Transzendenzen« (Alfred Schütz/Luckmann 1990, 161). Sie ist »gleichsam säkularisierter, integraler Bestandteil unserer Erwartungen und unseres Wissensbestandes« (Münkler/Ladwig 1998, 16). Andererseits kehrt ›der Fremde‹ im öffentlichen Umgang mit Migration in der Figur des ›Ausländers‹ bzw. ›ethnisch Anderen‹ zurück.

Ulrich Beck u.a. konstatieren in diesem Diskussionszusammenhang zwei denkbare, reflexive Reaktionsvarianten auf den gesellschaftlichen Wandel, die in ähnliche Richtung gehen: »Reflexiver Fundamentalismus« auf der einen und »reflexiver Pluralismus« auf der anderen Seite. Beide Formen werden wegen ihres konsequenten Strukturbruchs als reflexiv bezeichnet, insofern von rigiden Fortschrittsideen Abschied genommen wird. In Bezug auf die Schlüsse, die daraus gezogen werden, gibt es jedoch völlig unterschiedliche Antworten:

»Beim reflexiven Fundamentalismus geht es darum, zerbrochene Werte und Selbstverständlichkeiten von der Familie bis zu tayloristischen Arbeitsidealen erneut als wahr und wirklich zu begründen und gegen eine maßlose Modernisierung zu verteidigen. Der reflexive Pluralismus hingegen nimmt die Dynamik des Modernisierungsprozesses auf und sucht nicht mehr nach eindeutig-endgültigen Lösungen. Stattdessen setzt er auf räumlich wie zeitlich begrenzte Restrukturierungen, die unter neuen Bedingungen selbst wieder verändert werden können« (Beck u.a. 2001, 49).

Aus Sicht des reflexiven Fundamentalismus erscheinen Städte in erster Linie als Orte des Scheiterns, wo Individuen unter Bindungsverlust, Desorientierung durch Überangebot und daraus entstehender Anomie leiden. Die Verfechter dieser Perspektive betrachten urbane Transformationen zunächst mit Skepsis, konstatieren Desintegrationsprozesse, sehen damit den Zusammenhalt der urbanen Stadtgesellschaft gefährdet und reagieren mit der Forderung nach mehr Disziplin. So beklagt Richard Sennett (2001) das Verschwinden sozialer Beziehungen in den Städten und prophezeit sogar die Auflösung der Urbanität. Nach Sennett (1998) würden die zunehmenden Flexibilisierungs- und Mobilisierungszwänge dazu führen, dass sich die Individuen nicht mehr auf stabile Strukturen verlassen können und ihre festen Bezugspunkte verlieren würden. Das freigesetzte Individuum sei nicht mehr in der Lage eine stabile Persönlichkeit zu entwickeln.

Ganz anders betrachten dies die Verfechter des reflexiven Pluralismus. Sie sehen die Städte als Orte, an denen sich die emanzipatorischen Potentiale und die Errungenschaften der Moderne manifestieren, Orte, an denen sich Individualität entfalten und neue kulturelle Zusammenhänge formieren und von Fall zu Fall politische Öffentlichkeiten inszeniert werden können. Sie rücken die Differenziertheit und Vielheit der modernen Urbanität in den Vordergrund und machen auf die neuen integrativen Leistungen der Städte aufmerksam (vgl. Krämer-Badoni 2002). Sie interpretieren die neue Urbanität als »Befreiungsprozess der Differenzen« (Vattimo 1992, 21) und betonen das radikal perspektivische Verständnis der sozialen Welt. In dieser Perspektive kommen die individuellen wie strukturellen Auflösungserscheinungen zwar als Krisenelemente vor, aber sie werden als prozesshaft, bewältigbar und chancenreich interpretiert. Umbrüche und Krisen erscheinen dann als wesentlicher Bestandteil des urbanen Lebens.

Wenn man Eindeutigkeit postuliert und unter dieser Prämisse nach bedrohlichen Auflösungstendenzen sucht, findet man sie auch. Wenn man aber umgekehrt einen anderen Zugang wählt und nach den komplexen Leistungen der Städte fragt, wird man genauso plausible Antworten finden. Wie immer sind die unterschiedlichen Zugänge und Erkenntnisse auf die Art der Fragestellung zurückzuführen. Der Horizont des Fragens impliziert bereits die Antwortmöglichkeiten und lässt andere Möglichkeiten außen vor. Wer anstrebt, alte emotionale und strukturelle Bindungen zu revitalisieren, bewertet die aktuelle Situation als Defizit zu einem rückwärts gedachten Ideal und bewegt sich in einem anderen Kontext, als diejenigen, die fragen, wie die urbane Wirklichkeit konkret aussieht, in welchen städtischen Kontexten man mit Fremdheit und Andersheit konfrontiert wird und welche Funktion und Relevanz Fremdheit generell für das Zusammenleben hat. Dann wird deutlich, dass das Phänomen Fremdheit, je nach Kontext, eine andere Bedeutung erlangen kann und dass Aspekte wie Distanz, Unpersönlichkeit oder Anonymität, die scheinbar negative Bedeutung haben, konstitutiv für das Gelingen von Urbanität sind. »Mediatisierte Kommunikation« (Sander 1998) erweist sich als wesentliche urbane Kommunikationsform.

Ohne die permanenten Erfahrungen mit Fremdheit ist urbanes Leben nicht denkbar. Begriffe wie ›kultivierte Distanz‹ oder, wie Erving Goffman (1994, 62) es treffend ausdrückte, eine Art »höfliche Nichtbeachtung« sind typisch für urbane Situationen. Dass die Debatte über städtisches Leben und über Fremdheit so emotional und kontrovers geführt wird, zeigt jedenfalls nicht nur ihre Relevanz, sondern auch die Normalität gegensätzlicher Standpunkte. Sie verweist selbst auf die konstitutive Bedeutung der Urbanität. »Urbanität ist der empirische Beweis für jene theoretische These, die behauptet, dass Kontingenz zum Eigenwert der modernen Gesellschaft geworden ist«, so Nassehi (1999b, 237).

Zur Relevanz von Fremdheit im urbanen Kontext

In unserem Alltag neigen wir dazu, Menschen und Dinge entweder als vertraut oder als nicht zugehörig, unvertraut und fremd zu bewerten. Dies geschieht oft unreflektiert. Diese Dichotomie scheint ein grundlegendes Wahrnehmungsmuster unserer Alltagsrealität zu sein. Durch Ein- und Ausgrenzung werden soziale Kontexte geschaffen, die es erleichtern, sich in einer zunehmend komplexer und globaler werdenden Welt, in einer sich immer stärker diversifizierenden Lebenswelt zurechtzufinden.

Durch die rasant gewachsene Mobilität, die Informations- und Bilderflut der Medien, die ›Virtualisierung‹ der Welt und nicht zuletzt durch persönliche Alltagserfahrungen werden ehemals entfernte Räume in den Horizont des subjektiven Bewusstseins gerückt.

Abbildung 7: Passantin, Venloer Straße, Köln

Das Fremde befindet sich also nicht mehr, wie es früheren Vorstellungen entsprach, räumlich außerhalb, sondern vorwiegend innerhalb unseres vertrauten Lebenshorizonts. Das Verhältnis zwischen dem, was als Eigenes angesehen und dem, was als fremd wahrgenommen wird, ist fragwürdig geworden. Die Konfrontation mit Fremdheit ist heutzutage unvermeidlich und stellt für die Einzelnen eine große Herausforderung dar. Karl Valentin fasst die Vieldeutigkeit von Fremdheit humorvoll auf: »Frägt ein Fremder in einer fremden Stadt einen Fremden um irgend etwas (sic!), was ihm fremd ist, so sagt der Fremde zu dem Fremden, das ist mir leider fremd, ich bin hier nämlich selbst fremd«.

Fremdheit ist eine Kategorie unserer Umgangsprache, unseres Alltagswissens. Karl Valentins Sprachspiel mag helfen, dieses Wissen zu reflektieren. In der Alltagssprache wird der Begriff in erster Linie benutzt, um Menschen zu definieren, die entweder als Ortsfremde, Zugereiste, Ausländer und/oder allgemein als Außenseiter angesehen werden, die man als nicht zugehörig zu der eigenen Gruppe empfindet. Und was nicht zugehörig ist, gilt schnell als ›fremdartig‹, grundsätzlich anders. Die Nichtzugehörigkeit wird jeweils durch Ort (Ausländer) oder Zeit (Zugereister, also jemand, der später gekommen ist) oder Normen (Außenseiter, fremdartig) bestimmt.

Der Prototyp des Städters ist der Fremde, »der heute kommt und morgen bleibt«, wie Georg Simmel es ausgedrückt hat (1992, 765). Daher stand die Figur des Fremden seit jeher im Zentrum soziologischer Definitionen des urbanen Lebens. Die Stadt ermöglicht einander Unbekannten miteinander in Kontakt zu kommen und zu kommunizieren. Städte sind immer die Orte gewesen, an denen das urbane Zusammenleben bzw. das Nebeneinander von unvertrauten und unbekannten, auch unverträglichen Menschen möglich war – und zwar gerade deshalb, weil die Zugehörigkeit zu einer städtischen Gesellschaft keine Glaubensbekenntnisse zu oder Anpassungen an eine spezifisch lokale Kultur, Religion oder Mentalität voraussetzt. *Urbane Städte* sind in diesem Sinn als Städte des Fremden zu interpretieren. Wir begegnen tagtäglich unzähligen Menschen, die wir nicht kennen, ohne dass uns diese Tatsache besonders beunruhigen würde. In der Großstadt wird es eher als eine Überraschung erlebt, vertraute Gesichter zu sehen, auf Bekannte zu treffen.

Was nun als urbanes Leben beschrieben wird, markiert eine besondere städtische Lebensweise, Urbanität als Verhaltensstil, Lebensform und

Gestaltungsprinzip. Kurz: Urbanität charakterisiert eine neue Qualität des Sozialen. Das Leben in den Städten hat etwas Faszinierendes, ermöglicht Vielfältigkeit, Differenz und damit auch eine Differenz der Perspektiven, es bietet eine breite Palette an Möglichkeiten zur Kommunikation und Interaktion. Aus dieser Sicht ist die Einheit des Städtischen nicht per se vorhanden, sondern wird aus unterschiedlichen Motiven und auf unterschiedliche Weise (sei es Politik oder Marketing) erzeugt. Städte waren immer Orte, an denen sich permanente Veränderungen struktureller, kultureller und politischer Art vollzogen, die wiederum Aneignungsprozesse in Gang setzten und neue Einstellungen und Lebenshaltungen verlangten. Städte waren Orte, an denen strukturell, kulturell und politisch Neues geboren wurde oder Einzug hielt. Das Leben in der Stadt befindet sich also immer im Fluss.

In der klassischen Soziologie wurde ›der Fremde‹ thematisiert als Wanderer – heute würde man sagen als ›Migrant‹ –, der eine relativ stabile Struktur verlässt und auf eine ebenso stabile Struktur stößt, die mit der ›eigenen‹ nicht kompatibel ist. Das gilt sowohl für die Figur des Fremden bei Alfred Schütz (1972) als auch für Georg Simmel (1992).

Das Gemeinsame, das in diesen klassischen Positionen zum Ausdruck kommt, ist, dass die Neuankömmlinge zunächst als Eindringlinge in eine als stabil definierte Struktur beschrieben werden, eine Struktur, die für selbstverständlich gehalten und nicht weiter thematisiert wird. Es wird von der Existenz einer stabilen ›Gemeinschaft‹ ausgegangen, in der für alle verbindliche Normen, Werte, Hintergrundüberzeugungen vorherrschen, und in die Menschen mit anderen Normen, Werten und Hintergrundüberzeugungen dann einwandern. Durch diese Konfrontation mit der neuen Umwelt geriete der Wandernde in eine persönliche Krise (vgl. Schütz 1972, 59). Alfred Schütz ging von der Inkompatibilität unterschiedlicher Kulturen bzw. Zivilisationsmuster aus, die je für sich geschlossene Mikrokosmen bilden würden und zwischen denen eine Brücke zu schlagen nicht möglich wäre (vgl. Nassehi 1999a, 181). Doch die Überlegung von Georg Simmel, dass die Fremdheit der Anderen keinesfalls Unbekanntheit oder gar Beziehungslosigkeit beinhalte, ist für meine weiteren Überlegungen von Relevanz. Er machte deutlich, dass die Konstellation des Fremden durch Nähe geprägt, der Fremde immer Teil der ihn umgebenden Gesellschaft sei und Fremdsein durch die soziale Umgebung bestimmt werde. »Das Unbekannte ist nicht fremd, es ist ganz einfach unbekannt, für uns nicht existent. Das Fremde ist das andere, von dem wir aber wissen oder das wir kennen lernen« (Neckel 1994, 47).

Dieses offenere Verständnis von Fremdheit ist für die Beschreibung der Lebenssituation in den Städten bedeutsam. Die Hauptziele der Migration waren – bedingt durch Industrialisierung, Arbeitsmarkt und Netzwerke – immer schon die Städte. Daher ist der Anteil der Arbeitsimmigranten mit ihren Familien in den Großstädten im Vergleich zu den ländlichen Gebieten besonders hoch, sind Städte erst zu Großstädten geworden.

Was in der klassischen Soziologie als Fremdheit beschrieben wird, trifft auf die heutige Situation in den Städten nur noch bedingt zu. Wenn Zuwanderung ein integraler Bestandteil der Stadtgeschichte ist, dann müssen gesättigte Erfahrungen (Selbstverständlichkeiten, Routinen, Hintergrundüberzeugungen) vorhanden sein, zu deren Zustandekommen das Migrationsphänomen wesentlich beigetragen hat. Daher ist die behauptete ›stabile‹ Struktur, in die der Fremde einwandert, ein relatives und für die urbanen Verhältnisse wohl eher ein ›gefühltes‹ Phänomen, genauer gesagt eine Wunschvorstellung, in der Städte als Gemeinschaften durch gemeinsam geteilte Werte zusammengehalten werden. Wir wissen inzwischen, dass es sich bei solchen Gemeinschaften um Imaginationen handelt, die zum größten Teil Ergebnisse politischer und intellektueller Anstrengungen darstellen und die gerade das ignorieren, was tatsächlich in den Städten passiert. Dass sich die Menschen in vielerlei Hinsicht zunächst als Fremde begegnen, ist eine empirische Tatsache und bei näherer Betrachtung ein wesentlicher Bestandteil des urbanen Lebens. Wer das nicht zur Kenntnis nimmt, ignoriert die historische Entwicklung urbaner Stadtgesellschaften.

Man stelle sich einmal vor, der Briefträger müsste uns jeden Morgen grüßen, bevor er die Briefe verteilt, jeder Sachbearbeiter würde unsere Anträge nur noch bearbeiten, wenn er uns persönlich kennt, man müsste sich mit allen Mitreisenden, die zufällig im gleichen Zugabteil sitzen, anfreunden oder mit jedem Straßenbahnfahrer eine private Bekanntschaft pflegen. Die meisten unserer sozialen Kontakte sind so formal aufgebaut, dass es nicht notwendig, ja sogar unerwünscht ist, die ›Anderen‹, mit denen wir in bestimmten Kontexten tagtäglich zu tun haben, persönlich zu kennen, geschweige denn, sie schon einmal gesehen zu haben. Darüber hinaus wäre man auch gar nicht in der Lage, mit allen Menschen, zu denen man Kontakte hat, private Beziehungen zu unterhalten.

Abbildung 8: Passantin, Venloer Straße, Köln

Städte besitzen ein Potential, das es erlaubt, sich als Individuum zu entfalten. Sie sind Orte, an denen man lernen kann, mit Fremdheit zu leben, selbst fremd zu sein, an nicht vertrauten Erfahrungen Unbekannter teilzuhaben. Urbane Vielfalt regt an, erweitert den Horizont und motiviert zur Kommunikation. Niklas Luhmann spricht in dieser Hinsicht vom »lernfähigen Denken in einem Horizont anderer Möglichkeiten« (1971, 42). Je mehr Kontexte, in denen man sich bewegt, desto mehr Konfrontation mit Fremdheiten. Die unterschiedlichen Konstruktionen des Fremden verweisen auf die unterschiedlichen Deutungsebenen und der in ihnen relevanten Differenzen.

Individualisierung und damit die Formierung diverser Lebensformen und Lebensstile sind weder möglich noch denkbar, ohne die Chance, fremd unter Fremden bleiben zu können. In funktional ausdifferenzierten Bereichen haben wir keine andere Alternative als nach formal-rationalen Kriterien zu handeln und die Menschen, mit denen wir kommunizieren, in ihren Funktionen wahrzunehmen und eben nicht als Verwandte oder Bekannte. In diesem Zusammenhang ist es nun wichtig, darauf hinzuweisen, dass diese Tatsache nicht als bedauernswertes Defizit zu beklagen ist, das durch ›Gemeinschaft‹ zu kompensieren sei. Vielmehr ist diese »intersubjektive Ignoranz« die Basis der Kommunikation in systemischen Kontexten (Hahn 2000, 35). Wie Armin Nassehi (1999b, 236) passend bemerkt hat, erfolgt die Wahrnehmung des Anderen in dieser Hinsicht »nicht im Rahmen *dichter*, sondern *loser* Soziabilität«. Es gibt praktisch ein urbanes Recht auf Fremdheit. Dass die Anderen uns in systemischen Zusammenhängen fremd bleiben, hängt mit den funktionsspezifischen Kommunikationsbedingungen zusammen. Individualisierte Lebensformen und unterschiedliche persönliche Orientierungen jedweder Art sind erst durch diese strukturelle Fremdheit in den Städten möglich geworden und haben die Urbanisierung der Städte vorangetrieben.

Fremdheit als institutionell verankertes Recht kann zum Motor diverser Beziehungen werden. Rechts- oder Marktbeziehungen können nur entstehen, weil die rechtlichen oder ökonomischen Prozesse nicht von der Überwindung wechselseitiger Fremdheit der Betroffenen abhängig sind. In diesen Prozessen wird von privaten Bindungen wie Verwandtschaft, Freundschaft oder Bekanntschaft bewusst abgesehen. Die Interaktion in funktionalen Rollen macht eine Abkopplung privater Beziehungen erforderlich. Daher ist die Erhaltung der Fremdheit in systemischen Zusammenhängen geradezu die Bedingung für ihr Funktionieren. In diesem

Kontext spricht Alois Hahn von einer »Generalisierung der Fremdheit« (2000, 54).

Fremdheit im globalen Öffnungsprozess

Der gigantische Aufschwung der Kommunikations- und Transporttechnologien führte zu einer Intensivierung, Diversifizierung und Radikalisierung grenzüberschreitender Prozesse, die weltweit neue strukturelle und diskursive Vernetzungen sowie eine zunehmende kulturelle Pluralisierung auf lokaler Ebene zur Folge haben. Globalität wird zur banalen Alltagsnormalität und zum Ausdruck eines neuartigen und erweiterten Erfahrungshorizonts. Dieser bestimmt die Beziehungen und Erfahrungen der Individuen im urbanen Alltag, zugleich eröffnet er neue Möglichkeiten für individuelle Selbstpositionierungen. Dieser globalisierte Erfahrungshorizont stellt nun einen neuen Referenzrahmen für individuelle Verortung und Lebensentwürfe dar. Globalität bedeutet aus dieser Sicht, dass auch die lokalen Prozesse und damit Fremdheit einen besonderen Stellenwert erlangen. Kurz: Globalisierung erfordert und eröffnet andere Perspektiven auf Urbanität und Fremdheit.

Wenn man Globalisierung in ihrer Komplexität verstehen will, müssen ökonomische, politische und kulturelle Prozesse berücksichtigt werden, denn sie tangiert alle Bereiche des gesellschaftlichen Lebens. In dem Moment, »in dem die imaginierte Einheit von Territorialität, Identität und sozialer Reproduktion zerstiebt, markiert Globalität zugleich einen anderen Status des ›in-der-Welt-Seins‹ und eine andere Perspektive auf eben diese Welt« (Berking 2001, 97).

Globalisierung bedeutet auch »Handlungen über Distanzen hinweg«, so Anthony Giddens (1995, 85). Damit ist eine Entwicklung gemeint, die durch Transformation von Zeit und Raum in der Folge globaler Kommunikationsmedien und Transportmittel möglich geworden ist. Auf diese Weise bilden sich nicht nur weltweite Netzwerke struktureller, kultureller und politischer Art, darüber hinaus werden lokale und individuelle Erfahrungshorizonte aufgebrochen, erweitert und ergänzt, von innen her verändert. Unsere Alltagsaktivitäten und Alltagserfahrungen werden zunehmend durch weltweite Ereignisse beeinflusst. Umgekehrt haben strukturelle Veränderungen, kulturelle Formationen und politische Ereignisse im lokalen Kontext ebenso weitreichende Auswirkungen.

Das Phänomen Globalisierung stellt einen komplexen Prozess dar, der auch Konflikte, Risiken und Ausgrenzung erzeugt. Einerseits unterläuft die globale Entwicklung die integrative Funktion des Nationalstaates, andererseits ist das Aufkommen lokaler Nationalismen und die Betonung und Aufwertung lokaler, ethnisch definierter Identitäten zu beobachten, die man durchaus als Folgen der Globalisierung interpretieren kann. Seyla Benhabib verweist darauf, dass die Dialektik zunehmender globaler Systemintegration, die mit gegenglobalen Tendenzen einhergeht, eine der großen Herausforderungen an das soziale und politische Denken der Gegenwart darstellt (vgl. 1999, 29).

Auf der so genannten Mikroebene wäre das Phänomen der Individualisierung zu nennen, das zusammen mit Lokalität im Zeitalter der Globalisierung einen neuen Stellenwert erlangt hat. Gemeint ist zunächst die Auflösung und Entzauberung der kollektiv verbindlichen Bindungen und Sinnquellen der Industriegesellschaft, die im globalen Kontext eine Intensivierung und Radikalisierung erfahren haben. »Alle Definitionsleistungen werden den Individuen selbst auferlegt«, so Ulrich Beck (1994, 470). Menschen werden geradezu zur Individualisierung verdammt. Mit Individualisierung ist sowohl Enttraditionalisierung als auch die Erfindung von Traditionen gemeint. Um die neu entstandene Situation zu beschreiben, spricht Ulrich Beck von einer »reflexiven Modernisierung«, in der das Verhältnis von Handlung und Struktur neu durchdacht wird. Da aber Strukturen nicht mehr nur reproduziert werden, müssen sie in allen Bereichen der Gesellschaft neu erfunden, entschieden und ausgehandelt werden. Im globalen Kontext gewinnen diese Prozesse eine neue Bedeutung und werden weiter vorangetrieben. In diesem Sinne plädiert Ulrich Beck für eine »Repolitisierung der Politik und der Gesellschaft«, welche für die Gestaltung globaler Prozesse unumgänglich ist.

Seit den achtziger Jahren ist zu beobachten, dass Globalisierung eine Intensivierung und Radikalisierung erfahren hat, die mit einer zunehmenden Mobilität korreliert. Man spricht von einem Strukturwandel der Mobilität und konstatiert zugleich eine ›virtuelle Mobilität‹. Beweglichkeit wird immer unabhängiger von Raum und Zeit. Dies führt im strukturellen, kulturellen und politischen Kontext weniger zur vielfach beschworenen weltweiten Homogenisierung als zu neuen Übergängen, Mischungen und Vernetzungen. Aus systemischer Perspektive beobachten wir eine Globalisierung der Funktionssysteme. Im lebensweltlichen Kontext sind wir mit einer zunehmenden kulturellen

Diversifizierung und Pluralisierung konfrontiert, wobei sich unterschiedliche, anfangs fremde Elemente zu einem Patchwork zusammenfügen. Globalisierung geht also mit einer neuen kulturellen Diversität einher. Aus politischer Sicht beobachten wir Ereignisse, die neuartige diskursive Vernetzung und Politisierung im Alltag hervorbringen. Was die Folgen der Globalisierung auf lokaler Ebene betrifft, schreibt Martin Albrow (1997, 311):

»Eine der Folgen der Globalisierung für den Ort ist, dass Menschen an einem Ort wohnen und ihre wichtigsten Beziehungen sich fast ganz nach außen und über die ganze Welt erstrecken. Dies bedeutet, dass Menschen den Ort als Sitz und Ressource sozialer Aktivitäten in sehr unterschiedlicher Form entsprechend der Ausdehnung ihrer Soziosphäre nutzen«.

Weltumspannende Massenmedien, eine globale Verkehrsinfrastruktur, weltweite Migrationsbewegungen sowie die Transnationalisierung der Ökonomie, die sowohl die erhöhte transnationale Mobilität von Kapital und Produktionsstätten als auch das Entstehen globaler Arbeits- und Absatzmärkte voraussetzen, lassen die Welt in gewissem Sinne enger zusammenrücken. In diesem Zusammenhang bedeutet Globalisierung eine weltweite Verflechtung.

Dass das globalisierte (Finanz-)Kapital mit seiner heuchlerischen Doktrin des freien Markts zur drastischen Verschärfung des globalen Wohlstandsgefälles und zur sozialen Verelendung in vielen Teilen der Welt beigetragen hat, gehört zu den unübersehbaren Schattenseiten dieser Entwicklung, für die globalisierungskritische Persönlichkeiten (exemplarisch Jean Ziegler) oder Organisationen (›Attac‹ u.v.a.) zunehmend öffentliche Aufmerksamkeit erlangen. Dieser Protest gegen die weltpolitischen Voraussetzungen und Strukturen von Unterdrückung und äußerster Armut formiert sich zunehmend – und das ist wieder ein positiver Aspekt von Globalisierung – im Internet. Zivile Aktionsformen und Bündnisse wie ›Avaaz‹, ›Anonymous‹, ›Wikileaks‹ oder die ›Occupy-Bewegung‹, die mit ihren Protestaktionen solche Missstände aufdecken, erreichen heute in kürzester Zeit hunderttausende Menschen in allen Teilen der Welt. Auch Widerstandsbewegungen organisieren sich auf globaler Ebene und mit Hilfe weltweiter Vernetzung.

Diese vielfältigen und vielschichtigen Interaktionsformen bewirken weltweit eine Zunahme kultureller Diversität und diskursiver Vernetzungen. Sie widersetzen sich der Festungsmentalität ethnozentrischer, nationalistischer und rassistischer Kulturkonzepte, die auf einer ethnischen und statischen Konstruktion von Fremdheit beruhen. Anders gesagt: Mit der Globalisierung der Kommunikationstechnologien wachsen nicht nur die Kontaktchancen zwischen Personen, Gruppen und symbolischen Gemeinschaften, sondern unvermeidlich auch die Chance auf Fremdheitserfahrungen. Aufgrund der neuen Technologien, des anwachsenden Ferntourismus und Reiseverkehrs oder auch zunehmender Migrationsbewegungen erhöht sich die Zahl und Unterschiedlichkeit der erreichbaren Kommunikationspartnerinnen und -partner sowie die Zahl der realisierbaren Handlungsmöglichkeiten drastisch. Durch die globale Mobilität von Menschen werden die Grenzen lokaler Zusammenhänge institutioneller, kultureller und diskursiver Art permanent transzendiert.

Das städtische Leben geht aber in diesem Prozess der Globalisierung nicht völlig auf bzw. unter. Denn als sozialer Raum bildet die Stadt oder der Stadtteil den konkreten Ort, an dem sich die kulturelle, ökonomische und politische Dynamik lokaler und globaler Prozesse immer wieder aufs Neue in Übergangs- und Zwischenräumen vermischen. Das bedeutet, dass Globalisierung die Pluralisierungstendenzen auf lokaler Ebene verstärkt. Aus dieser Perspektive können lokale Ereignisse unterschiedlicher Art nicht mehr als geschlossene Einheiten oder als lokal reduzierbare Phänomene definiert werden, sondern müssen in ihren globalen Zusammenhang gestellt werden.

Durch globale Elemente wird die städtische Kultur immer vielfältiger und differenzierter. Es wäre absurd, von einer spezifischen, ethnisch-authentischen, in sich geschlossenen Kultur zu reden. Authentizität, wenn der Begriff überhaupt noch einen Sinn ergibt, heißt in einer ›globalen Stadt‹ ein Gemisch aus Bildern, Lebensformen, Geschichten, die früher als unvertraut, fremd oder unvorstellbar galten, heute aber zu Alltagsbestandteilen geworden sind. Globalisierung forciert dabei die Aneignungsprozesse von Unvertrautem und Fremdem. Die globale Stadt ist ein Ort, der Unterschiede zulässt und Vielfalt in jeder Hinsicht begünstigt. (Kulturelle) Vielfalt als Voraussetzung und Ergebnis des städtischen Lebens kann also nicht mehr ortsgebunden bestimmt werden. Durch globale Einflüsse werden neue Milieus und Lebensstile erfunden, Vernetzungen institutioneller und politischer Art hervorgebracht. Jeder und jede Einzelne sind gefordert, sich aus diesen unterschiedlichen Elementen ihre

Biographien zu entwerfen, vorausgesetzt, dass sie in ihrer Individualität anerkannt werden und über die erforderlichen gesellschaftlichen Ressourcen verfügen.

Die viel beschworene Entzauberung der Welt und das Schwinden von Werten und Normen durch Globalisierung bringen auf der anderen Seite neue Kreativität und Perspektiven hervor. Die potentielle Kraft kultureller Transformation liegt in der Entstehung einer neuen Erzählung, einer neuen Konstellation aus scheinbar fremden, unzusammenhängenden Kulturfragmenten. ›Kulturen‹ gleichen unter globalen Bedingungen weniger den »Kristallkugeln der Wahrsager als vielmehr den Farbspielen eines Kaleidoskops: Mit jeder Drehung ergibt sich eine Neuordnung der Teile, und wir sind erstaunt über die Andersartigkeit und Lebendigkeit jeder neuen Zusammenstellung« (Benhabib 1999, 68f.).

Ob wir im Internet surfen, virtuelle Kontakte knüpfen, uns in einer internationalen Gruppe engagieren, um die Welt reisen, Yoga- oder Tai-Chi-Kurse belegen, Chinesisch essen, Spanisch kochen oder argentinischen Tango lernen – globale und interkulturelle Einflüsse sind selbstverständlicher Bestandteil unseres Alltagslebens geworden. Wir leben inmitten der globalisierten Welt und wir leben gut damit.

Durch die wachsenden und verstärkten weltweiten Kontakte verändert sich nicht nur Altes, es entsteht auch permanent Neues, das Hoffnung macht und zum Nachdenken anregt. Unterschiedliche Menschen und verschiedenartige Gruppen gehen ungewöhnliche Kombinationen miteinander ein. Es entstehen neue strukturelle Vernetzungen, Lebensstile, Lebensformen, Milieus, Kommunikationsformen etc.

Diese globale Verdichtung vor Ort lässt sich an individuellen Biographien veranschaulichen. Nehmen wir beispielsweise die ›Migrationsmelange‹ der postmigrantischen Generation. Einerseits wachsen Kinder in den Einwandererfamilien meist zweisprachig auf und können sich im Alltagsleben automatisch zwischen den Sprachen hin und her bewegen. Sie fühlen sich verschiedenen kulturellen Kontexten zugehörig, entwickeln neue Orientierungsmuster und müssen immer wieder neue Anpassungsleistungen erbringen. Man kann sich gleichzeitig als Bewohner der Stadt oder des Stadtviertels, Einheimischer, Mehrheimischer, Deutscher, Türke, Europäer oder als Weltbürger fühlen und dies je nach Kontext und Fragestellung auch begründen. Die Besonderheit eines Ortes ist von der Tatsache bestimmt, dass an jedem Ort lokale und weltweite Beziehungen in bestimmter Weise miteinander kombiniert werden. So bleiben lokale

Bindungen real und wichtig für die Einzelnen, stellen jetzt aber nur noch eine Komponente in einer Vielfalt von Beziehungen dar.

Für einen immer größer werdenden Personenkreis, ob es sich nun um Einwanderer, Firmenvertreter, Manager, Wissenschaftler, Künstler oder Jugendliche handelt, verlieren feste geographische Räume als wesentliche Bezugspunkte des Alltagslebens ihre Bedeutung und werden verstärkt von enträumlichten, nicht ortsgebundenen Beziehungen und Gemeinschaften abgelöst, die durch soziale, politische, berufliche, kulturelle und ideelle Gemeinsamkeiten miteinander verknüpft sind.

Im konventionellen Verständnis wird als ›authentisch‹ bezeichnet, was als ursprünglich und als historisch verankert gilt. Was wir jedoch als kulturtypische ›untrügliche‹ Zeichen wahrnehmen, erweist sich als gar nicht so eindeutig definierbar. In unserem urbanen Alltag gibt es zahllose Beispiele für die hybride Herkunft des scheinbar Typischen. Für alles, was lange genug in den Alltag eingebunden und für lokale Zwecke angeeignet worden ist, verliert der eigentliche Ursprung im Laufe der Zeit an Bedeutung bzw. wird neu erfunden – Authentizität als Mythos.

Infolge der Pluralisierung und Globalisierung von Lebenswelten teilen immer weniger Menschen ein gemeinsames kulturelles Verständnis. Die zunehmenden Wahlmöglichkeiten und verfügbaren globalen Bedeutungshorizonte verlangen von den Individuen ein hohes Maß an Flexibilität, Mobilität, Reflexivität und Verantwortung. An der Forderung, das eigene Leben selbstbestimmt zu gestalten, kann man auch scheitern. Andererseits aber haben immer mehr Menschen Zugang zu unterschiedlichsten Lebensformen, Informationen und virtuellen Netzwerken, die sie je nach Kontext für ihre individuelle Selbstpositionierung als Ressource nutzen können.

Die mythische Beschwörung des Fremden als des Anderen

Die Feststellung, dass Fremdheit nun im Zeitalter der Globalisierung zum urbanen Normalfall wird, heißt leider nicht, dass die Beziehung zum ›Fremden‹ unproblematisch geworden sei. Selbstentwürfe moderner Nationalstaaten stellen die andere Seite der Medaille dar, denn nationale Selbst- und Fremdbeschreibungen führen dazu, dass die wechselseitige Fremdheit aller, die das Ergebnis der funktionalen Ausdifferenzierung ist, wieder aufgehoben wird zugunsten einer national definierten Vorstellung von (Nicht-)Zugehörigkeit. Zwar werden Individualisierung und persönliche Orientierungsmöglichkeiten im urbanen Alltag zunehmend anerkannt und in einem bisher unvorstellbaren Ausmaß möglich. Diese Entwicklung hatte aber zur Folge, dass es unter den Bedingungen funktionaler Ausdifferenzierung unmöglich geworden ist, Personen in ihrer Ganzheit zu inkludieren. Es sei denn mit einer Strategie, die eine imaginäre Kompensationsfunktion mit realen Folgen übernimmt: die Identifikation mit der Nation spielt diese Rolle bis heute, nur wird sie angesichts der faktischen Diversität immer absurder. Denn mit ihr geht bekanntlich eine Logik einher, die Außen- und Innengrenzen nach nationalen und ethnischen Kriterien definiert. Durch diese »paradoxe Universalisierung eines essentiellen Partikularismus« (Berking 2001, 92) wurde ein neuer Sortierungsprozess in Gang gesetzt, der zur Sedimentierung eines ›Ethnowissens‹ geführt hat, das bis heute die Grundlage des Alltagsrassismus darstellt. Dass Menschen, die in der dritten Generation in der Bundesrepublik Deutschland leben, noch immer nach ihrer ›eigentlichen Heimat‹ gefragt werden und wann sie dorthin zurückkehren, ist bezeichnend für diesen Sortierungsvorgang, der bei den ersten Gastarbeitern begann und mittlerweile Generationen überdauert. »Der Prototyp des Fremden wird der Ausländer im Inland«, so Alois Hahn (2000, 55). Schüler werden aus dieser Sicht nicht primär als Schüler wahrgenommen, sondern nach vermeintlich ethnisch-nationalen Kriterien, etwa als ›Türke‹ oder ›Araber‹. Daher macht Sighard Neckel (1994, 48) zu Recht darauf aufmerksam, dass die Definition von Fremdheit heute politisch vorgenommen wird, »meist zu Ungunsten jener, die sie verkörpern, und nicht etwa als Voraussetzung für ein zu verleihendes Privileg«.

Betrachtet man die politische Diskussion um ›deutsche Leitkultur‹ oder ›Integration‹, wird deutlich, wie die aktuellen Zuschreibungsprozesse verlaufen und welche distinktiven Praktiken erkennbar werden. Je mehr Selbstverständlichkeiten ihre gesellschaftsprägende Kraft als Privilegien verlieren, desto heftiger werden sie von bestimmten Kreisen verteidigt. Je fragwürdiger alte Abgrenzungen werden, desto vehementer werden sie in den Vordergrund gerückt.

Dies zeigt sich im Umgang mit den (post-)migrantischen Gruppen in Deutschland: Je mehr diese Bevölkerungsgruppe sich etabliert und gleiche Ansprüche stellt wie die Einheimischen, desto mehr wird sie zum Problemfall erklärt und ethnisiert und desto intensiver werden die

Zuschreibungsprozesse vorgenommen. Sighard Neckel macht darauf aufmerksam, dass diese Zuschreibungsprozesse zunehmend die Gestalt einer Politik annehmen, die nicht ohne Konsequenzen für die betreffenden Bevölkerungsgruppen bleibt (vgl. 1994, 48). Paradox an dieser Situation ist, dass die öffentliche Ablehnung der Eingewanderten in dem Moment zunimmt bzw. die Oberhand gewinnt, da sie sich zu etablieren beginnen. Die durch Migration entstandenen Kompetenzen und Wissensarten in Form weltweiter Verbindungen, transkultureller Lebensweisen und globaler Biographien werden entweder zu Defiziten erklärt, die einer Anpassung an die ›Mehrheitskultur‹ im Wege stünden, oder sie werden in die ›Archive des Schweigens‹ verbannt.

Gewaltausbrüche und Renationalisierungstendenzen im europäischen Kontext mit der Krise der ethnisch-nationalen Identität oder mit der unterdrückten Herkunft zu erklären, geht am Kern der Sache vorbei: Nicht kulturelle Identität, sondern aus Machtinteressen erzeugte Feindbilder sind das Motiv (vgl. Beck 1994, 477f.). So genannte ethnische Konflikte werden gerade deswegen immer gewaltsamer, weil der Zusammenhalt der imaginären Gemeinschaften anders nicht garantiert werden kann. Nur auf diese Weise können Mehrfachzugehörigkeiten homogenisiert, »eroberte Räume zu Mentalitätsgrenzen« (ebd., 477) deklariert und gesellschaftliche Ressourcen als nationales Sonderrecht beansprucht werden.

6. Migrantische Ökonomie: Ankommen auf eigene Rechnung

Es sind vor allem die von Migranten geführten Kleinunternehmen, die Migration in den Städten sichtbar machen und wesentlich zur Belebung von Stadtvierteln und zu deren Urbanisierung beigetragen haben. Sie sind ein Beleg dafür, wie von dieser Bevölkerungsgruppe trotz restriktiver Bedingungen eine Existenz in Deutschland aufgebaut wurde. Im Gegensatz zu den gängigen Auffassungen, die das ökonomische Handeln von Migranten unter ethnischen oder herkunftsbezogenen Vorzeichen und je nach Voreinstellung als ›Integration‹ oder ›Desintegration‹ bewerten, möchte ich den Blick auf die historische Entwicklung migrantischer Ökonomie und deren Bedeutung für Stadt und Urbanität lenken. Der Ausgangspunkt meiner Überlegungen ist, dass Migranten durch ihre ökonomischen Aktivitäten wesentlich zur Wiederbelebung und Aufwertung heruntergekommener Stadtteile beigetragen haben, die zum Teil von kommunaler Seite bereits aufgegeben waren. Kioske, Speiselokale und Lebensmittelläden wurden im Laufe der Zeit zur Haupterwerbsquelle für viele Migrationsfamilien. Sie veränderten das Gesicht der Stadtviertel und Straßenzüge und gaben ihnen mancherorts einen Hauch ›südländisches Flair‹.

Die ethnische Reduktion migrantischer Ökonomie ist allerdings in Frage zu stellen. In einzelnen interessanten Studien neueren Datums ist dagegen von »transkultureller Praxis« bzw. »strategischer Transkulturalität« (Pütz 2004) die Rede. Migrantische Ökonomie wird als konstitutiver Bestandteil der Stadtentwicklung, Urbanisierung und Globalisierung interpretiert (vgl. Espahangizi 2011; Berding 2008). Darüber hinaus werden ökonomische Aktivitäten von Migranten nicht nur als lokales, sondern vor allem auch als ein globales bzw. transnationales Phänomen beschrieben (vgl. Schmiz 2011, 156ff.).

Abbildung 9: City-Kiosk, Venloer Straße, Köln

Diese unternehmerische Selbstständigkeit von Migranten ist als ein Akt des ›Ankommens auf eigene Rechnung‹ zu betrachten, als ökonomische Selbstverortung, die – wie historische Beispiele zeigen – unter schwierigen gesellschaftlichen Bedingungen realisiert werden musste, somit als eine Art Überlebensstrategie anzusehen ist. Nicht der Begriff »Integration«, sondern »Verortung« ist geeignet, diesen offenen und vielschichtigen Prozess zu charakterisieren, während der viel beschworene Integrationsbegriff von einer Homogenität gesellschaftlicher Verhältnisse ausgeht und vor allem von (Post-)Migranten eine bedingungslose Anpassung an eine nicht weiter definierte ›hiesige Normalität‹ verlangt. Sowohl den Integrations- als auch den Identitätsbegriff möchte ich nachfolgend vermeiden, und zwar wegen ihres impliziten Zwangs zur Eindeutigkeit, und ihrer Tendenz, Migranten nur auf deren vermeintlich ethnische Identität zu reduzieren. Mit dem Begriff der »Verortung« dagegen wird die Offenheit, Prozesshaftigkeit und Kontextgebundenheit des (ökonomischen) Handelns hervorgehoben.

Aus der Not eine Zukunft gemacht

Historische Studien belegen, dass Migranten unter restriktiven gesellschaftlichen Bedingungen zunächst erhebliche Hürden überwinden mussten, um sich selbständig zu machen. Es war nicht einfach, angemessene Ladenlokale zu finden bzw. anzumieten. Schwierigkeiten mit den Behörden waren an der Tagesordnung. Die Beschaffung der erforderlichen Geldmittel auf formellen Wegen erwies sich als äußerst mühsam bzw. unmöglich. Da ihnen eine selbstständige Tätigkeit anfangs nicht erlaubt war, sahen sich die potentiellen Kleinunternehmer auf einheimische ›Strohmänner‹ als Geschäftsführer angewiesen, die ebenfalls bezahlt werden mussten und ein weiteres Risiko für die Zukunft der Selbstständigkeit darstellten. Diese Bedingungen wurden dennoch in Kauf genommen, weil es keine andere Alternative der Existenzsicherung gab. Die Selbstständigkeit bedeutete für die meisten Akteure zudem Schutz vor Diskriminierung und versprach auch eine gewisse Aufwertung des sozialen Status. Da durch die Weltwirtschaftskrise Anfang der 1970er Jahre viele Gastarbeiterinnen und Gastarbeiter arbeitslos wurden und auf dem offiziellen Arbeitsmarkt sich kaum Chancen boten, versuchten sie durch die Selbstständigkeit der Arbeitslosigkeit zu entkommen und sich auf diese Weise über Wasser zu halten (vgl. Bukow 1993). Da weder Niederlassung noch ökonomische Einbindung der Gastarbeiterinnen und Gastarbeiter in die Gesellschaft politisch vorgesehen waren, kann man ihre Unternehmensgründungen als eine Strategie des Ankommens in einer abweisenden Gesellschaft interpretieren, in der sie zumindest auf Dauer unerwünscht waren.

Großstädtische Viertel, die durch migrantische Ökonomie geprägt sind, werden mit geradezu stumpfsinniger Wiederholung als Parallelgesellschaften mit eigenen Regeln bezeichnet. Dabei weisen sie oftmals eine besser funktionierende Infrastruktur auf, haben ökonomische Nischen mit tausenden Unternehmen hervorgebracht und damit durch Selbstinitiative eigene Aufstiegschancen geschaffen. Es lohnt sich also genauer hinzuschauen. Wie nicht nur meine persönlichen Erfahrungen und Studien belegen (und viele Anwohnerinnen und Anwohner ohnehin aus eigener Anschauung wissen) sind solche Stadtteile weitaus besser als ihr Ruf. Es handelt sich überwiegend um funktionierende, lebendige Nachbarschaften, in denen sich eine urbane Mischkultur entwickelt hat, die inzwischen sogar Touristen anzieht.

Abbildung 10: Kiosk, Keupstraße, Köln

Nachweislich haben Migranten und deren Nachkommen durch ihre Präsenz das Gesicht und die Atmosphäre vieler Städte wie Berlin, München, Köln oder Wien geprägt, ihnen neue Impulse und Stadtvierteln eine gewisse Stabilität verliehen (vgl. Yildiz/Mattausch 2009). Stadtteile oder Straßenzüge wie beispielsweise Berlin Kreuzberg, die Keupstraße oder die Weidengasse in Köln oder die Ottakringer Straße in Wien verfügen inzwischen über eine Atmosphäre, die als mediterran-orientalisches Flair auch für Menschen aus anderen Stadtvierteln zunehmend attraktiver wird. Zur Ottakringer Straße, der so genannten ›Balkanmeile‹, notiert Elke Krasny:

»Im Entlanggehen werden die vielfältigen Geschichten dieser Straße sichtbar. Geschäfte, Restaurants und Clubs in der Erdgeschoßzone erzählen durch ihre Namen, durch Biografien der Geschäftsinhaber, aber auch durch die Produkte oder Speisen die Geschichten, die die Folgen von Arbeitsmigration, Balkan-Kriegen und veränderten geopolitischen Konstellationen sind. Diese Straße erzählt eine transnationale Stadtgeschichte, in der veränderte Identitäten durch geopolitische Konstellationen und globale Transformationsprozesse erzeugt werden« (2011, 5).

Migrantische Ökonomie zwischen ethnischer Reduktion und strategischer Inszenierung

Im neueren Sprachgebrauch scheint sich für migrationsgeprägte unternehmerische Aktivitäten der Begriff ›ethnische Ökonomie‹ durchgesetzt zu haben. Aus dieser Sicht werden unternehmerische Praktiken allerdings auf ›Ethnizität‹ und damit auf die so genannten ›Herkunftskulturen‹ reduziert. Die Folge ist, dass soziale und kulturelle Ressourcen zu ethnischen Ressourcen umgedeutet oder zumindest unter ethnischem Vorzeichen gewertet werden. Die Kontexte, in denen sich ökonomisches Handeln vollzieht, die gesellschaftlichen Bedingungen, die Menschen zu unternehmerischen Tätigkeiten nötigen, kommen dabei zu kurz. Unternehmerische Aktivitäten werden auf diese Weise als exotisches Sonderthema behandelt, obwohl sie als integraler Bestandteil von Handel und Wirtschaft zur urbanen Normalität gehören.

Wenn ›Ethnizität‹ als ontologische Gegebenheit, also als quasi natürlich vorausgesetzt wird, gerät die Tatsache aus dem Blick, dass Ethnizität ein Konstrukt darstellt und von Menschen im jeweiligen Kontext immer wieder neu erfunden, symbolisch inszeniert, spielerisch oder taktisch verwendet und als Geschäftsstrategie eingesetzt werden kann.

Auf Ethnizität fixierte Diskurse beruhen auf einer ideologischen, hegemonialen Sichtweise, die bestimmte Perspektiven ausschließt oder marginalisiert. Bereits die Benennung ökonomischer Tätigkeiten von Migranten als ›ethnisch‹ ruft ein ganzes Bündel an Vorstellungen ab, die aus ›einheimischer Normalität‹ herausfallen. Bis zum ›Ghetto‹-Vorwurf ist es dann nicht mehr weit. Begriffe wie ›Klein-Istanbul‹ oder ›hinter dem Bosporus‹ entwerfen ein dramatisches Bild, das sich wenig um differenzierte Beschreibung kümmert. Ähnliche Assoziationen ruft die fragwürdige Bezeichnung ›ethnische Kolonie‹ hervor (vgl. Häusermann 2006, 303). Von ›einheimischen Kolonien‹ und ihrer Ethnizität war dagegen, so weit ich weiß, noch nie die Rede. Solche Kategorien schaffen eine eigene Normalität, an der sich in der Folge auch Maßnahmen der Stadtentwicklung orientieren. ›Ethnizität‹ wird zu einer kategorischen Leitdifferenz. Dieser normaliesierende Blick verfestigt kulturelle Hegemonie, er ist Ausdruck eines nationalen Ordnungszwangs.

Der bekannte Schweizer Künstler Ursus Wehrli will mit der ironischen Frage: Was würde passieren, wenn man in der Kunst anfängt, aufzuräumen, dieses Ordnungsdenken ad absurdum führen. Alle Elemente eines Bildes werden fein säuberlich voneinander getrennt und nach Größe, Form und Farbe nebeneinander aufgereiht. Wenn Werke bekannter Maler ›aufgeräumt‹ werden, entstehen plötzlich sonderbare Anordnungen. Das politische Ordnungsdenken scheint bei genauerer Betrachtung ebenso sonderbar, bedeutet es doch, dass historische Entwicklung, Vielschichtigkeit und weltweite Einbettung des ökonomischen Handelns von Migranten systematisch ausgeblendet und ihre individuellen Strategien und Verortungspraktiken außer Acht gelassen werden.

Differenzierte Analysen zeigen jedoch, dass vermeintliche Ethnizität nicht auf natürlichen Eigenschaften oder mitgebrachter Herkunftskultur beruht, sondern es sich vielmehr um Reaktionen auf die restriktiven Bedingungen im Einwanderungsland handelt. Sinnvoller wäre es daher, Fremd- und Selbstethnisierungen als eine ›spezifische Praxis‹ in einem bestimmten gesellschaftlichen Kontext zu analysieren und nicht wie üblich als unüberwindbare und alternativlose Deutungen (vgl. Scherr 2000, 407).

Im deutschsprachigen Raum haben zuerst Wolf-Dietrich Bukow und Roberto Llaryora solche kulturzentrierten Analysen kritisiert und in diesem Kontext die Begriffe der Fremd- und Selbstethnisierung entwickelt und theoretisch weiter geführt. Menschen werden erst durch ethnische Zuschreibungen im Aufnahmeland zu Migranten gemacht. Fremd- und Selbstethnisierung bedingen sich gegenseitig (vgl. Bukow/Llaryora 1998, 8).

Wenn man die Kontexte, in denen Selbstethnisierungsprozesse vollzogen werden, genauer in den Blick nimmt, dann zeigt sich, dass es sich dabei häufig um strategisch eingesetzte Kompetenzen handelt, die sich für ökonomische Aktivitäten als förderlich erweisen (können). Es sind keine mitgebrachten Traditionen und Normen aus den Heimatländern, sondern Reaktionen auf diskriminierende Lebenskontexte vor Ort: Es stellt sich sogar heraus, dass sich manche Inder in London ›indischer‹ als ihre Landsleute in Bombay oder manche Türken in Köln ›türkischer‹ als jene in Istanbul inszenieren. So kann die Selbstethnisierung und damit die Inszenierung der Zusammengehörigkeit je nach Kontext als erfolgsversprechende Geschäftsstrategie genutzt werden (vgl. Schmidt 2000, 348). Kim Kwok und Michael Parzer haben in ihrer empirischen Studie zum Umgang mit kulturellen Differenzen bzw. Ethnizität in migrantischen Kulturökonomien in Wien ausdrücklich gezeigt, dass es unterschiedliche und vor allem kontextspezifische Umgangsweisen mit ethnischen Zuschreibungen gibt, die oft als Vermarktungsstrategie fungieren (vgl. 2009, 204).

Abbildung 11: Bizim Kasap (›Unser Metzger‹), Weidengasse, Köln

Auch unsere Studien belegen, dass die unternehmerischen Tätigkeiten von Migranten nicht unabhängig von den Kontexten, in denen sie handeln, betrachtet werden können. Ein Blick in die soziale Grammatik dieser Aktivitäten gibt darüber Aufschluss, dass Orientierungen sich eher alltagspragmatisch als ethnisch begründen und mit Zuschreibungen flexibel und strategisch umgegangen wird. Das folgende Zitat des Berliner Autors Wladimir Kaminer zeigt auf humorvoll pointierte Weise, wie ethnische Zuordnungen als Geschäftsstrategie auf mehrdeutige Weise inszeniert werden:

»Berlin ist eine geheimnisvolle Stadt. Nichts ist hier so, wie es zunächst scheint [...]. Einmal verschlug mich das Schicksal nach Wilmersdorf [...] in einen türkischen Imbiss. [...] Das sind keine Türken, das sind Bulgaren, die nur so tun, als wären sie Türken [...]. ›Der Konsument ist daran gewöhnt, dass er in einem türkischen Imbiss von Türken bedient wird, auch wenn sie in Wirklichkeit Bulgaren sind‹, erklärten uns die Verkäufer. Gleich am nächsten Tag ging ich in ein bulgarisches Restaurant, das ich vor kurzem entdeckt hatte. Ich bildete mir ein, die Bulgaren dort wären in Wirklichkeit Türken. Doch diesmal waren die Bulgaren echt. Dafür entpuppten sich die Italiener aus dem italienischen Restaurant nebenan als Griechen. Nachdem sie den Laden übernommen hatten, waren sie zur Volkshochschule gegangen, um dort italienisch zu lernen, erzählten sie mir. Der Gast erwartet in einem italienischen Restaurant, dass mit ihm wenigstens ein bisschen italienisch gesprochen wird. Wenig später ging ich zu einem ›Griechen‹, mein Gefühl hatte mich nicht betrogen. Die Angestellten erwiesen sich als Araber. Von Tag zu Tag erfuhr ich mehr. Die Chinesen aus dem Imbiss gegenüber meinem Haus sind Vietnamesen. Der Inder aus der Rykestraße ist in Wirklichkeit ein überzeugter Tunesier aus Karthago. Und der Chef der afroamerikanischen Kneipe mit lauter Voodoo-Zeug an den Wänden ein Belgier«. Und Kaminers Fazit: »Nichts ist hier echt, jeder ist er selbst und gleichzeitig ein anderer« (Kaminer 2000, 97f.).

Auch Robert Pütz zeigt in einer qualitativen Studie über unternehmerische Aktivitäten türkischer Migranten in Berlin, wie ›Türkisch-Sein‹ im lokalen Kontext erfunden, als Geschäftsstrategie inszeniert und erfolgreich eingesetzt wird. Das ist für ihn kein ethnisches Handeln, sondern eine transkulturelle Praxis, eine ökonomische Handlungsstrategie (vgl. Pütz 2009, 74). Daneben sehen sich die Geschäftsleute häufig gezwungen, auf Fremdzuschreibungen, denen sie täglich ausgesetzt sind, zu reagieren, d.h. mit Klischees ethnischer oder kultureller Art flexibel, spielerisch oder ironisch umzugehen. Was Kaminer ironisch »Geschäftstarnungen« nennt, sind im Grunde solche Taktiken, die für Außenstehende manchmal irritierend wirken, jedoch nicht unerheblich zum ökonomischen Erfolg von migrantischen Unternehmen beitragen können. Ethnische Klischees werden in eine positive Selbstdefinition umgedeutet und vermarktet. So schaffen Migranten durch ökonomische Aktivitäten ›mehrheimische Räume‹ jenseits nationaler und ethnischer Mythen und jenseits des Entweder-Oder zwischen ›Herkunfts- und Mehrheitskultur‹. Diese Orte unterscheiden sich von gesellschaftlichen Räumen, in denen Eindeutigkeit und monokultureller Habitus die Norm ist. Es handelt sich gewissermaßen um *Transtopien*, in denen ökonomische Strategien und neue Umgangsweisen mit zugeschriebenen Klischees entwickelt werden, um sozusagen auf eigene Rechnung den sozialen Aufstieg zu schaffen (vgl. Péraldi 1997).

Transkulturelles Sozialkapital als Erfolgsstrategie

Flexibilität und die Nutzung informeller Ressourcen haben wesentlich zur Entwicklung einer Kultur der Selbstständigkeit von Migranten beigetragen. Bedingt durch den Ausschluss vom offiziellen Arbeitsmarkt, blieb der Schritt in die Selbstständigkeit für viele der einzige Ausweg und zugleich eine riskante Angelegenheit. Da sich die unternehmerischen Tätigkeiten oft unter prekären Bedingungen vollzogen, waren die Akteure auf informelle Unterstützung durch Familie, Freunde und Bekannte angewiesen. Die Finanzierung der meisten Geschäfte wird also über verwandtschaftliche Beziehungen organisiert. Ohne Nutzung solcher informeller Ressourcen wäre die Etablierung ihrer ›Kultur der Selbstständigkeit‹ nicht denkbar gewesen. So wurde aus der Not eine Tugend gemacht und durch ökonomische Aktivitäten sowohl die Nahversorgung der Bevölkerung in der Nachbarschaft verbessert als auch zur Stabilisierung und Wiederbelebung von Stadtvierteln beigetragen. Die Akkumulation sozialen Kapitals auf lokaler wie globaler Ebene war oft die Voraussetzung für diesen Erfolg.

Obwohl gerade die Einbindung in transnationale Netzwerke mit einer Akkumulation transnationalen Sozialkapitals einhergeht und als wesentliche Erfolgsstrategie fungiert, gibt es sehr wenige systematische Studien, die migrationsgeprägte unternehmerische Aktivitäten in ihrem lokalen, nationalen und globalen Kontext betrachten. Antonie Schmitz hat in ihrer aktuellen Studie exemplarisch gezeigt, dass vietnamesische Migranten in Berlin Ländergrenzen überschreitende soziale Netzwerke für ihre ökonomischen Aktivitäten vor Ort nutzen. Durch solche globalen Netzwerke und das Wissen, das auf diese Weise akkumuliert wird, werden strukturelle Hürden in Deutschland umgangen und teilweise kompensiert (vgl. Schmiz 2011a, 176). Zu ähnlichen Ergebnissen kommt auch Raika Espahangizi (2011), die die Geschäftspraktiken von Migranten und die damit verbundenen Kompetenzen in Köln als transkulturelle Praxis vor Ort interpretiert. Malte Bergmann (2011), der die Entwicklung der migrantischen Ökonomie in der Sonnenallee in Berlin-Neukölln untersucht hat, beschreibt die Straße als einen Raum, der durch die unternehmerischen Aktivitäten von Migranten zu einem transnationalen und transkulturellen Raum werde.

Nachfolgend werde ich an zwei biographischen Beispielen veranschaulichen, welche Relevanz soziale Kontakte und die Aktivierung solcher grenzüberschreitender Ressourcen für die Gründung und Zukunftsfähigkeit eines Geschäftes haben können.

Familie Kaya lebt seit acht Jahren im Kölner Stadtteil Nippes und betreibt eine türkische Konditorei, direkt am Marktplatz des ›Veedels‹ (kölsche Bezeichnung für Stadtviertel). Herr Kaya war als 18-jähriger aus der Südtürkei in die Schweiz ausgewandert. Später hatte er seine jetzige Frau im französischen Straßburg kennengelernt und war dorthin gezogen. Sie ist die Tochter einer Gastarbeiterfamilie aus der Türkei, in Straßburg geboren und aufgewachsen. Vor zehn Jahren kam die Familie dann mit ihren Kindern auf Empfehlung von dort ansässigen Verwandten nach Köln, weil zu dieser Zeit gerade ein Geschäft in lukrativer Lage am belebten Marktplatz leer stand. Weil Herr Kaya in der Türkei eine Konditoreiausbildung abgeschlossen hatte, beschloss die Familie, eine türkische Konditorei zu eröffnen. Nicht nur türkische, auch französische Rezepte wurden für Backwaren und Desserts ›importiert‹. Alle Familienmitglieder sind französische Staatsbürger. Sie bekommen häufig Besuch aus Frankreich von ehemaligen Nachbarn und Freunden, aber auch aus den Niederlanden, wo ein anderer Teil der Familie lebt. Im Laden werden daher unterschiedliche Sprachen gesprochen: Französisch, Deutsch, Türkisch, Niederländisch. Die Kinder wachsen mehrsprachig auf, eine Tochter besucht mittlerweile das Gymnasium.

Ein ähnliches Beispiel transnationaler Verbindungen bietet die Biographie eines indischen Restaurantbesitzers in Klagenfurt. Herr Sood hat von Indien, wo seine Eltern leben, über Finnland, wo seine Schwester ein Restaurant und ein Reisbüro führt, nach Österreich und hier von Villach, wo er seinen Bruder nur kurz besuchen wollte, nach Klagenfurt gefunden. Seine Familie lebt über die ganze Welt verstreut, eine Situation, die er als Jüngster von insgesamt sieben Geschwistern für seine unternehmerischen Aktivitäten nutzen kann. Die Familienkontakte werden über alle Entfernungen hinweg aufrechterhalten. In Klagenfurt lebt er seit nunmehr 30 Jahren, arbeitete zunächst als Koch, Yoga-Lehrer und Kinderbetreuer. Später eröffnete er ein indisches Restaurant, erst in Villach und später in Klagenfurt, weil, wie er glaubte, Klagenfurt wegen des Flughafens und der Universität internationaler sei. In seinem Lokal inszeniert er ›indische Kultur‹ in Form unterschiedlicher Dekorationen und Arrangements – eine Art der Einrichtung, auf die, wie er betont, in Indien weniger Wert gelegt würde. Auch in anderer Hinsicht ging er geschäftsfördernde Kompromisse ein: Als vegetarischer Hinduist habe er sich den österreichischen Essgewohnheiten anpassen müssen. Seine Geschäftsgründung hätte er ohne die finanzielle Unterstützung seiner weit verzweigten Verwandtschaft nicht umsetzen können.

Diese beiden Beispiele zeigen, wie die Potentiale transnationaler familiärer Netzwerke und Lebenskonstruktionen, die durch Migrationsbewegungen entstanden sind, für ökonomische Aktivitäten vor Ort kreativ genutzt werden. Mit Hilfe dieser Verbindungen werden neue Geschäftsideen und Kompetenzen entwickelt, soziales und kulturelles Kapital akkumuliert. Transnationale Räume werden zu lokalen Möglichkeitsräumen (vgl. Schiffauer 2006, 169ff.). So werden »bewegte Zugehörigkeiten« (Strasser 2009) und weltweit gespannte Mehrfachverbindungen zu einem komplexen, vielschichtigen und hybriden Phänomen und zu einer biographischen Ressource in einer globalisierten Welt. Lokalität erscheint hier als ein Ergebnis von unterschiedlichen (familiären) Beziehungen, die weit über den Ort hinausreichen, ja sogar die ganze Welt umspannen können. Aus diesen (ökonomischen) Netzwerken und Lebensentwürfen entstehen neue Formen und Erfindungen, die die Betroffenen aus unterschiedlichen Einflüssen auf lokaler Ebene reflexiv zusammenfügen und als Ressource für ihren ökonomischen Erfolg zu nutzen wissen. Solche Entwicklungen verweisen auf eine Alltagspraxis, die der Wirklichkeit der globalisierten Welt nicht hinterher hinkt, sondern sie vorantreibt und nach außen öffnet.

Bei einem historischen Rückblick stellt sich auch heraus, dass durch Zuwanderung die Nutzung öffentlicher Räume – Geschäftsauslagen des Einzelhandels, Straßencafés, Terrassen oder Freisitze auf Boulevards und Gehwegen – deutlich zunahm und viele Straßen auf diese Weise (wieder)belebt wurden. Noch vor wenigen Jahrzehnten war, abgesehen von einigen Biergärten, diese Open-Air-Kultur in vielen deutschen Städten nicht oder nicht mehr vorhanden. Heute ist sie aber aus dem städtischen Leben nicht mehr wegzudenken, ja sie wird inzwischen als ureigene Tradition wahrgenommen. (Nach einem Vortrag erhielt ich beispielsweise eine E-Mail-Nachricht, in der der Absender in gereiztem Ton auf die Tatsache hinwies, dass es diese Kultur in Deutschland schon immer gegeben habe. Mir scheint das ein Beleg dafür, wie sich im Laufe der Zeit bestimmte Strukturen, Kulturen und Kommunikationsformen etablieren und normalisieren, die ohne migrantischen Beitrag und ohne Impulse von außen kaum denkbar sind, aber nie als solche gewertet werden).

Am Beispiel der Gründung von Lokalen, Dienstleistungsunternehmen und Geschäften des Einzelhandels unter schwierigen gesellschaftlichen Bedingungen (rechtliche Diskriminierung, hohe Arbeitslosigkeit, limitierter Zugang zum formellen Arbeitsmarkt etc.) wird besonders nachvollziehbar, wie Migranten es verstehen, ihre im globalen Kontext akkumulierten Kompetenzen als soziales und kulturelles Kapital zu aktivieren und je nach Bedarf an die lokalen Gegebenheiten anzupassen. Dass Selbstständigkeit oft die einzige Möglichkeit ist, eine gewisse ökonomische Unabhängigkeit zu erlangen und sich gesellschaftlich zu verorten, nötigt zu Erfindungsreichtum. Wenn auch politisch ungewollt, hat dieses öffentlich wenig beachtete (Klein-)Unternehmertum eine integrative Kraft entfaltet und auf diese Weise Stadtteile bzw. Straßenzüge wieder belebt und wesentlich zur Aufwertung und Lebensqualität in den Stadtvierteln beigetragen.

Ökonomische Nischen in den Stadtteilen werden ausgefüllt, auf die speziellen Bedürfnisse der Kunden reagiert (vgl. dazu Haberfellner/Koldas 2002, 273). Für die Analyse solcher Unternehmungen wäre es belanglos, sich auf die Herkunft der Besitzer oder der Kunden zu konzentrieren, vielmehr ist das Entscheidende ihre Kreativität und die Entwicklung lokalspezifischer Strategien, in die unterschiedliche Elemente einfließen.

Transkulturelle Geschäftsstrategien werden zum Erfolgsfaktor, vor Ort kontextspezifisch entwickelt und praktiziert, erfüllen praktisch Marketingfunktionen (vgl. Hillmann 2011, 16). Robert Pütz spricht von einer »strategischen Transkulturalität‹ und meint damit die Kompetenz, sich situationsspezifisch in unterschiedlichen kulturellen Zusammenhängen zu bewegen, zu verorten und damit kreativ, flexibel und reflexiv umgehen zu können (vgl. Pütz 2004, 258).

Bezogen auf das Fallbeispiel Berlin-Kreuzberg, ein Stadtteil, dessen Ruf als ›Ghetto‹ oder ›Parallelgesellschaft‹ nur zu bekannt ist, spricht Barbara Lemberger von einer »urban-mediterranen Geschmackslandschaft« (2011, 101). Die folgende längere Passage macht die Formierung migrantischer Ökonomie seit dem 1980er Jahren in Berlin-Kreuzberg und deren Beitrag zur Urbanisierung auf gelungene Weise anschaulich:

»In den frei gewordenen Räumlichkeiten eröffneten nach und nach zunächst türkischstämmige Händler und Dienstleister Obst- und Lebensmittelgeschäfte, verschiedene Arten von Gastronomie, Import-Export Geschäfte, Coiffeurläden, ein Fotostudio, Musikalien- und Buchhandlungen, Simit- und Baklavahäuser. Aber längst führen türkischstämmige Deutsche nicht nur türkisch inszenierte Geschäfte, sondern sind Inhaber von angesagten Kaffebars und Feinkostgeschäften, wo das ›Türkische‹ absichtsvoll nicht prominent gemacht wird oder strategisch zum Einsatz kommt, sondern eher subtil und sich als ein mediterraner Aspekt neben italienisch, spanisch und südfranzösisch einreiht. Auch die Protagonistinnen und Protagonisten der (trans)lokal/nationalen kulturellen Ökonomie verdichten diese spezifische Geschmackslandschaft auf einer nichtmateriellen Ebene: Etwa wenn die türkischstämmige Intendantin der Theaterstätte ›Ballhaus‹ in der Naunynstraße seit 2008 erstmalig in der deutschen Theaterlandschaft ›eine kulturelle Praxis der Postmigration‹ institutionalisiert hat und damit im Stadtteil nicht nur einen weiteren Ort für Theatergänger geschaffen hat, sondern einen Ort, an dem der politische Diskurs von und über Migration bzw. Postmigration produktiv weiter entwickelt wird. Es bleibt festzuhalten, dass es in erster Linie Migranten und Migrantinnen sind, die nicht nur ökonomisch zur Aufwertung und zum ›Erfolg‹ des Stadtteils Kreuzberg beitragen, sondern maßgeblich zum symbolischen Kapital der ganzen Stadt Berlin« (Lemberger 2011, 102).

Was spricht also dagegen, den umfassenden Beitrag von Migration zu Urbanisierungsprozessen, zur Lebensqualität der Großstädte, kurz gesagt zu unserem eigenen Alltag, endlich anzuerkennen und die aus weltweiten

Bezügen entstandenen »eigensinnigen Handlungslogiken« (Bergmann 2011, 66) nicht mehr griesgrämig zu bekritteln, sondern für künftige Stadtentwicklung als Ressource zu nutzen.

7. Zur sozialen Grammatik des urbanen Lebens am Beispiel eines Kölner Stadtteils

»In den Städten passiert etwas. Auf den Straßen, in den Geschäften und Büros, in Bars und Restaurants, hinter den Fassaden der vielen Häuser, dicht gedrängt. Menschen, anonym und doch jeden Tag dieselben Stimmen, dieselben Kneipen, dieselben Nachbarn. Nein, nicht ganz: denn die Rhythmen der Stadt sind nicht langsam und gleichmäßig wie etwa das Rauschen der Meere draußen, sie sind laut und verwirrend, mal schnell, mal langsam, und manchmal geraten sie auch aus dem Takt. Und zwischen all diesen Rhythmen entstehen tagtäglich die Geschichten der Menschen in den Städten, wie Melodien mit unterschiedlichen Tönen« *(Ulrike Ostermeyer, 1998).*

In der Studie[1], die ich nachfolgend vorstellen möchte, ging es zunächst darum, einen Kölner Stadtteil in seiner Gesamtheit, in seinen politischen, ökonomischen, sozialen, kulturellen und alltäglichen Dimensionen zu betrachten, wobei hier die Perspektive der Bewohnerinnen und Bewohner und ihr Wissen in den Mittelpunkt gerückt und theoretisch reflektiert werden: Wie und unter welchen Bedingungen leben Menschen mit einheimischem oder mehrheimischem Hintergrund in einem Kölner Stadtviertel, wie gehen sie mit Differenzen um, wie verorten sie sich räumlich und biographisch, welche Kompetenzen werden sichtbar und welche Strukturen und Zukunftsvisionen werden entwickelt.

---

1 | Dieser Beitrag basiert auf Teilen einer von der VW-Stiftung finanzierten und zwischen 1996 und 1999 durchgeführten Studie (vgl. Bukow/Nikodem/Schulze/Yildiz 2001). Diese Untersuchung wurde von mir im Rahmen meiner Habilitationsschrift zwischen 2001-2004 weiter geführt, um weitere Aspekte ergänzt und überarbeitet.

Ausgangspunkt war also das Wissen der ansässigen Bevölkerung. Dafür nahmen wir an Ereignissen teil, führten Gespräche mit den Bewohnerinnen und Bewohnern. Methodologisch ging es uns nicht um einen privilegierten Zugang zum Gegenstand, um vermeintlich authentische Wahrnehmung oder um das Herausarbeiten ›unverfälschter Subjektivität‹. Die Gesprächssituation eröffnete den Menschen vor Ort die Möglichkeit, ihr Wissen, ihr Unbehagen, ihre Probleme, ihre Perspektiven zur Sprache zu bringen. Einige nahmen das als eine Gelegenheit wahr, sich Gehör zu verschaffen, um ihre Erfahrung von der privaten in die öffentliche Sphäre zu tragen, als eine Gelegenheit, ihre eigenen Sichtweisen und gesellschaftlichen Standpunkte zu formulieren.

Es ging uns nicht darum, eine ›objektivierende Distanz‹ zu urbanen Orten, Menschen oder Ereignissen einzunehmen. Vielmehr war das in der Gesprächssituation entstandene lokale Wissen das Ergebnis eines Vermittlungsprozesses vor Ort, in den beiderseits Erfahrungen und Deutungen einflossen. Unser Anliegen war es, Einblicke zu gewinnen in die soziale Logik eines urbanen Kontextes, der in seiner Alltäglichkeit überhaupt erst sichtbar werden lässt, was im öffentlichen Diskurs oft ausgeblendet wird, wie nämlich Menschen alltäglich miteinander umgehen und insbesondere, welche Rolle Migration und Mobilitätserfahrungen dabei spielen.

Köln-Ehrenfeld

Der Kölner Stadtteil Ehrenfeld entstand Ende des 19. Jahrhunderts sozusagen auf dem freien Feld als Industriestandort und typisches Arbeiterquartier, war also von Beginn an mit Migration konfrontiert, kurz gesagt, ist durch Zuwanderung überhaupt erst entstanden. Migration hat hier prägnante Spuren hinterlassen. Menschen unterschiedlicher Hintergründe, Biographien und Weltanschauungen haben sich immer wieder neu arrangiert und diverse Strukturen, Kulturen und urbane Kommunikationsformen hervorgebracht. Zudem befindet sich der Stadtteil seit einigen Jahrzehnten in einem permanenten Transformationsprozess.

Mit der Zunahme globaler Migrationsbewegungen gewann auch die lokale, binnengesellschaftliche Mobilität an Bedeutung.

Abbildung 12: Venloer Straße, Köln

Im Zuge fortschreitender Individualisierung und der Auflösung tradierter Lebensformen sind die Lebenslagen der Menschen in Bewegung geraten, haben ihre Stabilität verloren, sind riskanter geworden. Mit den neuen Lebenslagen und -entwürfen ändern sich auch oft die Lebensorte. Diese Situation offenbarte sich auch in den Aussagen unserer Gesprächspartnerinnen und -partner. Nur wenige von ihnen waren im Stadtteil geboren und aufgewachsen. Einige wohnten erst seit kurzem da, andere seit mehreren Jahren, wieder andere waren zwischendurch in eine andere Stadt oder ins Ausland gezogen und später zurückgekommen. Einige wollten im Stadtteil bleiben, für andere stellte Ehrenfeld nur eine Übergangsphase dar. Diese geographische und damit auch kognitive Mobilität gehört für die meisten Stadtteilbewohnerinnen und -bewohner zum Alltag. Unter unseren Gesprächspartnern war der arbeitslose junge Mann, der in Dormagen geboren wurde, mit seinen Eltern für einige Jahre nach Tunesien zurückkehrte und seit seinem zehnten Lebensjahr im Viertel wohnt; die freiberufliche Dolmetscherin, die im Alter von zwei Jahren mit ihren Eltern nach Ehrenfeld kam, zwischenzeitlich zur Schulausbildung nach Italien zurückkehrte, inzwischen wieder im Stadtteil lebt und sich auf Stellenausschreibungen in Italien bewirbt; ein 40-jähriger Mann, der in Argentinien geboren und aufgewachsen ist, mit 25 Jahren nach Madrid ging, wo er ein Jahr lebte, anschließend mit einem Touristenvisum nach

Köln kam, sich hier 5 Jahre illegal aufhielt und zur Zeit in der Kölner Südstadt lebt.

Lebenswege wie diese sind längst keine Seltenheit mehr. Hier kommen unterschiedliche, durch Mobilität geprägte mentale Landkarten, oder wie Martin Albrow (1997) sagt, unterschiedliche »Soziosphären« zum Vorschein. Sie sind beispielhaft für mobile Vielfalt und mobile Lebenswelten. Mobilität und damit die zunehmende Ausdifferenzierung und Diversifizierung von Lebensformen führt zu einer dauerhaften Bewegung im Stadtteil. Im Kontext dieser Bewegung formieren sich neue Alltagskontexte struktureller, kultureller und politischer Art, in denen sich das Leben der Stadtteilbewohnerinnen und -bewohner abspielt, in denen Biographien zusammengefügt und entworfen werden.

Im Kontext dieser Mobilitätsbewegungen werden ›ethnische‹ und kulturelle Zuordnungen immer fragwürdiger. Die Zahl derer, die aus unterschiedlichen Motiven ihre Herkunftsorte für kürzere oder längere Zeit verlassen (müssen) oder auch für immer Ländergrenzen überschreiten, wächst permanent. Hier geboren zu werden, da aufzuwachsen, dort zu arbeiten und zu leben und seinen Lebensabend wieder anderswo zu verbringen, gehört inzwischen zur Alltagsnormalität. Übertragen auf das Leben im Quartier, ein Beispiel aus meinem Bekanntenkreis, das in seiner Dichte fast unglaubwürdig klingt: Eine in Köln- Ehrenfeld wohnende Brasilianerin ist mit einem schwulen Mann verheiratet und lebt in einer Wohngemeinschaft mit vier Salsa-Fans (von denen einer ihr Partner ist). Die studierte Juristin verdient ihren Lebensunterhalt in einer Bürgerinitiative, ihr Ehemann, mit dem sie aus aufenthaltsrechtlichen Gründen verheiratet, lebt zwar in Köln, ist aber in München geboren und aufgewachsen. Er spricht mit bayrischem Akzent, kann etwas Türkisch und Arabisch. Sein Vater stammt aus Syrien, seine Mutter aus der Türkei.

So verwoben können die Bezugspunkte der Menschen heute sein. Angesichts der weltweiten Öffnungsprozesse sind vor allem in Großstädten solche Lebensläufe bald keine Ausnahme mehr. Die sozialen Verbindungen der Bewohnerinnen und Bewohner reichen schon jetzt weit über das Lokale, Regionale und Nationale hinaus, stehen also in einem weltweiten Kommunikationszusammenhang. Ulrich Beck spricht von einem »Beobachtungshorizont«, der die Öffnung der eigenen Biographie ins Weltweite möglich macht (1997, 40). Auf diese Weise ergeben sich im urbanen Alltag immer neue Möglichkeiten, weltweite Bezüge und individuelle Verortungspraktiken aufeinander abzustimmen und biographisch zu bearbeiten.

Wie unsere Studie in einem typischen Kölner ›Veedel‹ zeigt, ist Mobilität ein integraler Bestandteil des urbanen Lebens und prägt zunehmend die Alltagserfahrungen. Städtisches Leben und besonders Migrationserfahrungen nötigen zu einer permanenten Biographisierung und eröffnen neue Blickwinkel auf das eigene Lebensumfeld.

Angesichts ihrer schwierigen Existenzbedingungen blieb der so genannten Gastarbeitergeneration, deren Lebensweise schon seit ihrer Ankunft öffentlich dramatisiert und skandalisiert wurde (›Morgens in Deutschland, abends in der Türkei‹), gar nichts anderes übrig, als sich notgedrungen transnational zu orientieren. Bahnhöfe, in denen sich die Gastarbeiterinnen und Gastarbeiter in den 1960er Jahren mit der Hoffnung trafen, neu ankommenden Bekannten oder Verwandten zu begegnen und das Neueste aus ihren Heimatorten, von Familie und Nachbarschaft zu erfahren, wandelten sich zu Schnittpunkten transnationaler Bezüge, zu *Transtopien.* Dort fanden Begegnungen statt, entstanden neue Bindungen und Verbindungen.

Abbildung 13: Simitland, Venloer Straße, Köln

Aus dieser Sicht könnte die Geschichte der Gastarbeiterinnen und Gastarbeiter neu erzählt werden. Die erste Generation versuchte unter schwierigen Umständen, die Verbindungen zu ihren Herkunftsorten aufrechtzuerhalten. Es entwickelten sich neue Formen der Mobilität, etablierten sich neue Infrastrukturen und informelle Netzwerke, die den Nachzug weiterer Migranten ermöglichten. Solche Mobilitätsgeschichten werden jetzt von den nachfolgenden Generationen neu erzählt und mit familiären Erfahrungen und Visionen verknüpft.

Auf diese Weise hat sich eine weltstädtische Urbanität formiert, die weder den gängigen ethnischen Deutungen, noch dem neoliberalen Modell einer globalen Ökonomie folgt. Die Ergebnisse der Ehrenfelder Studie zeigen deutlich, dass Städte und Stadtteile Bühnen, Ausgangspunkte und Schnittstellen für unterschiedliche grenzüberschreitende Lebensentwürfe darstellen, die zugleich in lokale und globale Kontexte eingebunden sind.

Neben den Möglichkeiten, die solche weltweiten Verbindungen im persönlichen Alltag bieten, gibt es bekanntlich auch Grenzen, wie beispielsweise die des Nationalstaates und die damit einhergehende Hierarchie und Kontrolle von Mobilität, sowie Ausgrenzung in Form von Diskriminierungen, die (post-)migrantische Gruppen in unterschiedlichen Kontexten erfahren. Tatsächlich bewegt sich der Diskurs über Mobilität zwischen zwei Extremen: der Forderung nach räumlicher Flexibilität und deren Abwertung bis hin zum Verbot. Ebenso häufig, wie Vorstellungen von Mobilität, von Reisen und Nomadismus romantisiert und aufgewertet werden, geraten die gleichen Phänomene bei bestimmten Bevölkerungsgruppen unter Verdacht bzw. werden kriminalisiert.

Zur Rekonstruktion der sozialen Grammatik

Trotz der grundsätzlichen Diversität lassen sich im Stadtteil Strukturen erkennen, die für die Gestaltung des städtischen Lebens von wesentlicher Bedeutung sind.

Nachfolgend möchte ich einige alltagsweltliche Dimensionen in verschiedenen Kontexten aufgreifen. Jedes Beispiel macht einerseits auf seine Weise das jeweils genutzte urbane Regelset sichtbar und zeigt andererseits noch einmal deutlich ein radikal perspektivisches Verständnis des Viertels. Jedes Beispiel bietet also einen Ausschnitt einer ›sozialen Grammatik‹. In komprimierter Form soll verdeutlicht werden, dass die urbane Stadt strukturell eine Reihe von Lebensstilen, Lebensformen, kulturellen Formationen, Milieus und biographischen Diskontinuitäten ermöglicht, die sie zunehmend zu einem weltoffenen Ort werden lassen.

(Globale) Mobilität, Stadtteilbezug, Aneignungsprozesse, Freundschaften, Bekanntschaften und urbane Kommunikation sind Eckpunkte, die in den Biographien zum Ausdruck kommen. Die Mehrzahl unserer Gesprächspartnerinnen und -partner ist nicht im Stadtteil geboren, sondern aus unterschiedlichen Gründen nach Ehrenfeld gezogen; fast alle Personen machen ihren Quartierbezug zum Thema und beschreiben ihre Verortungsprozesse im Stadtteil; alle haben informelle Netzwerke (Freundschaften und Bekanntschaften), die nicht auf den Stadtteil begrenzt sind; in allen Lebensentwürfen werden Tendenzen sichtbar, die auf unterschiedliche alltagspolitische und alltagspragmatische Strategien verweisen.

Geographische Mobilität prägt die meisten biographischen Entwürfe. Bei jedem Ortswechsel formieren sich neue Bindungen und Netzwerke, die alten Bindungen werden, je nach Entfernung und Intensität, weiter gepflegt, manchmal auch fallen gelassen. In dem durch Mobilität geprägten Viertel formieren sich neue Zusammenhänge; wir beobachten neue Formen der Verortung:

Pedro (38), geboren und aufgewachsen in Süditalien, kam 22-jährig mit seiner Freundin, die er im Urlaub kennengelernt hatte, nach Köln. Nachdem er zunächst kurzzeitig in Ehrenfeld und in den folgenden Jahren in verschiedenen anderen Kölner Stadtteilen gewohnt hatte, lebt er zum Zeitpunkt des Interviews bereits seit zehn Jahren im Quartier und überlegt, später nach Italien zurückzukehren.

Sybille (40) ist im Saarland geboren und aufgewachsen, studierte in Freiburg Medizin, lebt seit 1984 in Köln. Zum Zeitpunkt des Interviews wohnt sie in Ehrenfeld und hat eine Arztpraxis im Stadtteil. Nach ihrer Ankunft in Köln wohnte sie zunächst in der Südstadt, einem beliebten Szeneviertel, wo sie gerne wieder hinziehen würde. Viele ihrer Freunde seien aus dem Stadtteil weggezogen, der Kontakt werde trotzdem aufrechterhalten.

Flora (30) ist in Offenburg geboren und aufgewachsen und kam 1992 nach Köln, weil sie aus der Provinz wegwollte. Sie lebte zunächst in einer Wohngemeinschaft, seit einigen Jahren in Ehrenfeld.

Vito (39) ist in einer kleinen Stadt in Mittelitalien geboren und aufgewachsen. Er entschloss sich, nach seinem Studium für eine Weile nach Deutschland zu gehen. Als er nach Köln kam, wohnte er in einem Stadtteil auf der anderen Rheinseite, zog danach nach Ehrenfeld in eine Wohngemeinschaft und lebt nun seit zwei Jahren in einer eigenen Wohnung. Da seine Freundin jedoch lieber an den Stadtrand ziehen will, weiß er nicht, ob er in Ehrenfeld bleiben wird.

Diese Fälle sind beispielhaft für die mobile Vielfalt im Stadtteil. Geographische Mobilität sowie die zunehmende Ausdifferenzierung und Pluralisierung von Lebensformen bewirken dort ständige Prozesse des Wandels. Im Kontext dieser Bewegung formieren sich im Alltag permanent neue Kontexte struktureller, kultureller und kommunikativer Art. Bestehende Orte und Verbindungen werden transformiert, neue entstehen.

Jeder Stadtteilbewohner hat einen anderen Bezug zum Viertel, jeder nimmt das Quartier auf seine Weise wahr, unterschiedliche Aneignungsprozesse werden erkennbar:

Pedro zum Beispiel bezeichnet Ehrenfeld als einen schönen Stadtteil, insbesondere auch aufgrund der sehr heterogenen Bevölkerung. Er ist von der Vielfalt im Stadtteil begeistert, wo es eine Mischung von »Arbeitern, Studenten, Intellektuellen und normalen Menschen« gäbe. Diese Mischung findet er »total gut« und ergänzt: »Man muss nur die Venloer Straße einmal so spazieren gehen, um zu sehen, diese Vielfalt von Geschäften, was es so gibt und was für Menschen da rumspazieren«. Für Sybille dagegen spielt der Stadtteil in ihrem Alltagsleben kaum eine Rolle. Außer dem täglichen Einkauf unternimmt sie nichts in Ehrenfeld. Sie kennt dort kaum Leute, nur zu ein paar Nachbarn hat sie nähere Kontakte.

Abbildung 14: Kebapland, Venloer Straße, Köln

Auch Rainer sieht den Stadtteil nicht unbedingt als wichtigen Bezugspunkt: »Ich glaube, dass der Stadtteil da nicht mehr die wichtige Rolle spielt, wie vielleicht noch vor ein paar Jahren, wo die Mobilität der einzelnen Menschen noch nicht so groß war«. Dass er in Ehrenfeld wohnt, ist für ihn reiner Zufall, doch der Stadtteil gefällt ihm. Auch seine Freizeit verbringt er zum Teil dort. Für Bayram aber ist Ehrenfeld der Lebensmittelpunkt, hier hängt er die meiste Zeit mit seinen Freunden rum, wie er es ausdrückt. Sie spielen Fußball, besuchen manchmal ein Internet-Cafe oder »gehen rum auf dem Ehrenfeld und so«. Ehrenfeld gefällt ihm, er findet die »Gegend schon schön«. Flora sagt, ein anderes Quartier käme für sie gar nicht in Frage. Dabei schätzt sie auch die Heterogenität vor Ort, gerade auch im Vergleich zu vielen anderen Kölner Stadtteilen. Ein Großteil ihrer Freunde wohnt in der Nachbarschaft und sie verbringt viel Zeit dort. Auch ihre Stammkneipe befindet sich in Ehrenfeld. Ebenso gern wohnt Vito im Stadtteil. Viele Freunde hat er hier, wie er sagt, »bisschen per Zufall« kennengelernt. Ihm gefällt Ehrenfeld vor allem wegen des Umbruchs, der seit einigen Jahren zu beobachten ist. »Das macht die Sache interessant, also der Stadtteil wird immer bunter, schöner, auch teurer«.

In diesem ›Veedel‹, das durch eine zunehmende Diversität struktureller, kultureller und biographischer Art charakterisiert ist, organisieren die Stadtteilbewohnerinnen und -bewohner ihren Alltag, sie suchen ihre Orte und schaffen neue. Die Individuen richten sich lebensweltliche Inseln ein, Orte des Alltags und der Nähe, eignen sich auf diese Weise die Stadt an. Dies geschieht auf zwei Wegen: über zwischenmenschliche Kontakte und soziale Netzwerke einerseits und über räumliche Aneignung andererseits:

»Ich kenn halt die Infrastruktur sehr gut, ich habe hier meine Läden, ich hab' hier meinen Lieblingsstand auf dem Markt. Das ist irgendwie [...]. Ich kenn' den Briefträger [...] halt so ein bissel was, also familiär möchte ich nicht sagen, weil das gefällt mir nicht so gut, aber hier kennen sich einfach viele Leute« (Friderike).

»Ja, in Ehrenfeld komme ich mir quasi wie in einem kleinen Dorf vor. Ich bin glücklich hier, weil ich morgens, wenn ich einkaufen gehe, immer jemanden treffe, den ich von der Arbeit kenne« (Paolo).

»Ich fühl' mich wohl in Ehrenfeld, weil ich das Gefühl hab', ich hab' schon so meine kleinen Strukturen hier. Dass ich hier meinen Obstladen, meinen Gemüseladen und meinen Kiosk um die Ecke hab und so« (Anne).

Die Qualität des Lebens im Stadtteil wurde von einem großen Teil der Gesprächspartnerinnen und -partner ähnlich begründet: Bekannte oder Freunde im Stadtteil zu haben, Orte, die regelmäßig aufgesucht werden, sei es die Stammkneipe oder nur einzelne Geschäfte, in denen man die Gesichter der Verkäuferinnen und Verkäufer kennt und einige Worte mit ihnen wechselt, der Lieblingsstand auf dem Wochenmarkt:

Vito geht in seiner Freizeit gern im Viertel spazieren oder trifft seine Freunde in Cafés. Auch Rainer verbringt seine Freizeit zum größten Teil in Ehrenfeld. Oft besucht er das ›Simrock-Café‹ im Stadtteil, wo er Freunde und Bekannte trifft. Pedro treibt in seiner Freizeit Sport in einem Badminton-Verein, der in Ehrenfeld ansässig ist, bei schönem Wetter spielt er mit Freunden Fußball. Abends trifft er sich mit Freunden in Szenelokalen wie das ›Café Sehnsucht‹ oder ›Café Anders‹. Sybille schätzt den Stadtteil wegen seiner Infrastruktur und vor allem die Straße, in der sie wohnt:

»Also es sind alle Geschäfte da. Es sind alle kleinen Läden da, so für den Alltag ist das sehr schön. Ich finde, Ehrenfeld ist eigentlich ganz schön so, weil der Stadtteil eigentlich ein gemischtes und sehr buntes Viertel ist. Auch diese vielen türkischen Gemüseläden und das ist eigentlich ganz schön«.

Damit ist allerdings nur ein Teil des Alltags beschrieben. Parallel dazu spielt sich das Leben im Quartier in unterschiedlichen Kontexten ab, in denen Anonymität als Bindungsmodus fungiert. Auch in Ehrenfeld begegnen sich die Bewohnerinnen und Bewohner tagtäglich als Fremde, manchmal sogar unter Nachbarn. So erklärte ein junger Mann auf die Frage, ob er Kontakt zu seinen Nachbarn habe:

»Kaum. Außer Sichtkontakt ist da eigentlich nichts vorhanden. Mir reicht das. Ich muss nicht meinen Nachbarn auf der Pelle haben« (Hartmut).

Dieser junge Mann fühlt sich keineswegs isoliert oder einsam. Vor zwei Jahren aus Cuxhaven nach Köln-Ehrenfeld gekommen, gefällt es ihm hier ganz gut, einige Bekannte und Freunde leben ebenfalls in der Nähe und seine Lieblingskneipe hat er auch. Er findet, »dass man so eine Gemeinschaft ist, durch die Alltäglichkeit, dass man da immer seine Brötchen holt oder zur Bank geht, oder dass man die Läden hat, wo man einkauft,

Abbildung 15: Kiosk, Venloer Straße, Köln

dass das so ein bisschen, dass das so die wiederkehrenden Wege sind, die man so täglich macht«.

Ein anderer Gesprächspartner antwortet auf die Frage, was er mit »Gemeinschaft im Stadtteil« verbinde:

»Wenig, im Sinne von etwas, das nicht da ist. Und habe ich gar nicht so viel Lust darauf. Ich weiß nicht, vielleicht bin ich einfach zu viel Einzelgänger oder es ist das heutige Leben, das für Gemeinschaft wenig Platz lässt. Aber irgendwie ist das Wir-Gefühl, es fehlt vielleicht, das was der Begriff impliziert. Aber ich suche in der Form nicht. Ich fühle mich wohl in einem Staat oder in einer Stadt, in einem Stadtteil, wo, ja so die Leute irgendwie ansprechbar sind, wo man vielleicht doch etwas unternehmen kann, wenn man Lust hat, sich gegenseitig mal zu treffen oder was, eine gewisse Offenheit. Aber dass mehr da sein soll, habe ich das Bedürfnis nicht, ich bin nicht so« (Vito).

Gemeinschaft durch Alltäglichkeit, die Hartmut schildert, meint einen offeneren Gemeinschaftsbegriff als jenen, von dem Vito sich abgrenzt. Doch im Kern ähneln sich beide Auffassungen, soweit es die freie Wählbarkeit der sozialen Kontakte betrifft. Im Kontext der gesellschaftlichen Transformationsprozesse sind traditionelle Beziehungsmuster erodiert. Das Individuum hat hier an Entscheidungsfreiheit gewonnen. Es muss keine nachbarschaftlichen Kontakte mehr aufnehmen, kann dies jedoch jederzeit tun.

Entsprechend ihrer unterschiedlichen Lebenswelten und ebenso entlang ihrer aus differenten Lebenssituationen hervorgehenden, variierenden Relevanzstrukturen nennen die Bewohnerinnen und Bewohner auch höchst unterschiedliche Orte, die für sie bedeutsam sind und in ihrem Alltag eine wichtige Rolle spielen. Und umgekehrt haben gleiche Orte ganz unterschiedliche Bedeutungen für die einzelnen Personen.

Die Bedeutung konkreter Lokalität relativiert sich im Zuge wachsender Mobilität. Ihre Ausschließlichkeit lässt in der globalisierten Welt deutlich nach. Die Orientierungen und Bezüge des Einzelnen überschreiten den lokalen Rahmen und tragen zunehmend virtuelle Züge, wenngleich die konkrete Lokalität des Stadtviertels für viele noch eine wichtige Rolle spielt. Die Stadtteilbewohnerinnen und -bewohner schildern subjektiv höchst differente Bindungen:

Rainer hat es durch Zufall nach Ehrenfeld verschlagen, wo er eine

Wohnung mit Garten gefunden hat. Das Quartier spielt keine bedeutende Rolle für ihn, obwohl er sich vorstellen kann, vorerst dort zu bleiben. Sybille lebt mit ihrem Mann und ihren zwei Kindern seit 1984 in Ehrenfeld. Sie will lieber in einen anderen Stadtteil, in dem sie mehr Leute kennt. Flora hingegen ist erst seit 1990 in Köln. Für sie kommt als Stadtteil nur Ehrenfeld in Frage, sie bezeichnet sich selbst als Ehrenfelderin. Christina, in Italien geboren, in Ehrenfeld aufgewachsen, zur Schulausbildung nach Italien gezogen und zum Studium nach Köln zurückgekehrt, bezeichnet das Quartier als »mein Haus, meine Heimat«. Gandi lebt seit zwei Jahren im Stadtteil. Obwohl er sich dort wohl fühlt, will er sich nicht darauf festlegen und kann sich genau so gut vorstellen, nach Berlin zu ziehen.

Unsere Gesprächspartnerinnen und -partner verfügen über eigene informelle Netzwerke, die sowohl lokal verankert sind als auch durch Ortsmobilität und Globalisierung zunehmend grenzüberschreitende Züge tragen. Dabei spielen die Subjekte als strukturierende Kräfte eine nicht unerlässliche Rolle. Dezentralität, Subjektorientierung und Globalität sind die Hauptdimensionen ihrer sozialen Beziehungen. Die Zugehörigkeit zu einer bestimmten sozialen Gruppierung scheint dabei eher flüchtig zu sein und stellt zumindest nur eine Dimension in der subjektiven Orientierung dar.

Einige von Pedros Freunden leben in Ehrenfeld. Aber auch in anderen Stadtteilen und Städten hat er Freunde und Bekannte. Diese Erweiterung des Radius über das Quartier hinaus wird von ihm positiv gesehen: »Es ist gut so, ein bisschen Abwechslung da zu haben«. Einige seiner Kölner Freunde sind inzwischen in andere Städte gezogen. Der Kontakt wird aufrechterhalten, man besucht sich gegenseitig. Sybille kennt – wie wir schon gehört haben – kaum Leute im Viertel, nur ein paar Nachbarn; nähere Kontakte hat sie nur zu ihren Nachbarn. Das ist für sie »so eine Art Hausgemeinschaft«. Viele ihrer Freunde sind aus dem Stadtteil weggezogen, der Kontakt wurde weiter gepflegt. Daneben hat sie engere Freunde in Frankreich und eine gute Freundin in England. Da ihre Mutter Französin ist, lebt ein Teil der Verwandtschaft in Frankreich, zwei ihrer Cousinen in einem afrikanischen Land. Bayrams Freunde wiederum wohnen fast alle im Stadtteil, wo sie ihre Freizeit zusammen beim Fußball oder in einem Internet-Café verbringen. Viele von ihnen kennt er aus einem Jugendzentrum, das er regelmäßig besucht. Aber auch in der Türkei pflegt er Bekanntschaften, die sich aus Urlaubsreisen ergeben haben. Auch Floras

Freunde wohnen überwiegend im Stadtteil, wo sie einen Großteil ihrer Zeit verbringt. Ein- bis zweimal im Jahr fährt sie in ihre Heimatstadt, um ihre Eltern zu besuchen. Vito hat viele Freunde und Zufallsbekannte in Ehrenfeld, aber auch außerhalb Kölns, in München und Berlin, Italien, Belgien und Dänemark.

Solche weit verzweigten informellen Netzwerke lassen vermuten, dass hier kein persönlicher Bindungsverlust zu beklagen ist, sondern im Gegenteil besonders viele Verbindungen lokaler als auch weit darüber hinausreichender Art bestehen. So betrachtet, könnte man eher von einem Überschuss an subjektiven Bindungen reden als von einem Mangel.

Von der Mehrheit der Gesprächspartnerinnen und -partner wurde die Heterogenität im Stadtteil als besonderes Charakteristikum genannt, dem sie zum Teil skeptisch oder neutral gegenüberstanden, im Großen und Ganzen jedoch positiv. Der Umgang mit Differenzen wird dabei als im Alltag weitgehend praktikabel und selbstverständlich angesehen. Dabei kommt dem Nebeneinander der unterschiedlichen Lebenswelten eine entscheidende Bedeutung zu. So sagt Vito: »Ja, ich glaube, viele Konflikte werden einfach vermieden, weil Leute, die unterschiedlich sind, treffen sich kaum. Auch im kleinen Viertel gibt es vielleicht nebeneinander Kneipen mit ganz unterschiedlichem Klientel«.

Der Großteil der sozialen Kommunikation im Quartier vollzieht sich nicht zwischen miteinander bekannten und vertrauten Menschen, sondern in Bereichen wie Arbeit, Freizeit, Konsum usw. zwischen einander fremden Menschen. Es ist meist nicht möglich und auch nicht notwendig, die Kontakte durch persönliche Beziehungen zu stabilisieren, weil dafür sowohl die Zeit als auch die Motivation fehlen. Daher muss eine Alltagskommunikation in der Lage sein, soziale Kontakte auch ohne Nähe, ohne geteilte Überzeugungen oder Sympathien herzustellen. Diese Art von Begegnungen gehört zur tagtäglichen Herausforderung und Chance, zum Risiko und der Zumutung, denen sich jede und jeder Einzelne ausgesetzt sieht.

Indem die Erfahrung mit Fremdheit vor allem in den Großstädten kontinuierlich zunimmt, vollzieht sich eine »Generalisierung der Fremdheit« (Hahn 2000, 54). Dies verweist auf ihre konstitutive Bedeutung für das urbane Leben. Verengt man die Fragestellung nicht vorschnell auf eine nach ethnischen Kriterien zugeschriebene ›Andersartigkeit‹, sondern nimmt das Leben in seinen unterschiedlichsten Facetten ins Blickfeld, so wird schnell deutlich, dass ›Fremdheit‹ keine Eigenschaften, sondern eher ein Gefühl beschreibt, dass individuell höchst unterschiedlich erlebt wird: Der Rentnerin sind die jüngeren Ehrenfelder fremd, die Liebesbeziehungen eingehen, ohne zu heiraten; einer 50-jährigen alteingesessenen Kölnerin erscheinen die Studenten, die im letzten Jahrzehnt vermehrt ins Quartier gezogen sind, fremd, unter anderem, weil sie sich ganz anders einrichten, wie sich an ihrer Vorliebe für Hochbetten zeigt; eine 30-jährige Frau schildert ihr Befremden angesichts der ehemaligen Nachbarn, die sie als ›anständige Kleinbürger‹ beschreibt, während sie sich angesichts der interkulturellen Zusammensetzung des Stadtteils in Ehrenfeld, die sie an ihre Heimatstadt im Ruhrgebiet erinnert, spontan ›heimisch‹ gefühlt habe; eine andere 30-jährige Frau, die aus einer kleinen Provinzstadt nach Köln gekommen war, empfindet die Männergruppen mit Kampfhunden, die in letzter Zeit im Stadtteil anzutreffen sind, als fremd.

Aus unseren Beobachtungen ist es nicht schwer, zu der Erkenntnis zu gelangen, dass das vielgestaltige urbane Leben im Stadtviertel aus verschiedenen Perspektiven lesbar und daher nicht auf einzelne Dimensionen zu reduzieren ist. Der Stadtteil kann natürlich als Ort der Entfremdung und Auseinandersetzung, aber ebenso gut als Ort des selbstbestimmten Lebens, des vielfältigen Neben- und Miteinanders, als Mikrokosmos globalen Wandels betrachtet werden. Gerade dieser Komplexität, die von Fall zu Fall auch als chaotisch und widersprüchlich erlebt werden kann, wohnt ein Potential inne, das Prozesse urbaner Selbsterneuerung auszulösen imstande ist.

Globalisierung von unten

Die konkreten Lebensentwürfe im Stadtteil bieten die Möglichkeit, die Kosmopolitisierung des Alltags und deren Relevanz für lokale Verortungsprozesse sichtbar zu machen. Dies kann anhand von Aspekten wie weltweite Mobilität, grenzüberschreitende Bindungen und Netzwerke untersucht werden. Um die Globalisierung der Biographien und die weltweite Ausdehnung der Beziehungsnetze des Individuums im lokalen Kontext zu erkennen, eignet sich das Konzept der »Soziosphären«, mit dem Martin Albrow (1997) in einem Londoner Stadtteil die Prozesse der Mikroglobalisierung exemplarisch nachgezeichnet hat.

Aus der Perspektive der Kosmopolitisierung von unten bekommt das urbane Leben in Köln-Ehrenfeld ein neues Gesicht. Die Menschen wohnen und leben vor Ort, ihre Beziehungen und Netzwerke gehen aber über das Lokale, Regionale und Nationale hinaus, werden über große Entfernungen hinweg gepflegt und beibehalten. Mobiles Denken, Denken über Räume und Entfernungen hinweg, ist im globalen Zeitalter normal geworden.

Die weltweiten Kommunikationsmöglichkeiten spielen bei der Globalisierung des eigenen Lebens eine enorme Rolle. Wir haben heute die Möglichkeit, uns per Knopfdruck oder Mausklick in kürzester Zeit über Ereignisse in aller Welt zu informieren und uns damit auseinanderzusetzen. Der Fernsehrezipient wird zum »virtuellen Weltbürger«, schrieb Ulrich Beck (1997a, 41). Umso mehr zeigt sich die Globalisierung der Kommunikation heute in der rasanten Verbreitung virtueller sozialer Netzwerke.

Aber kommen wir noch einmal zurück auf die physische/geographische/kognitive Mobilität in den Lebensläufen der Ehrenfelderinnen und Ehrenfelder. Nachfolgend einige Beispiele, die die Bandbreite der Erfahrungen veranschaulichen:

Kezban (36) ist in der Türkei geboren und kam im Alter von drei Jahren mit ihren Eltern nach Leverkusen, wo sie aufgewachsen ist. In Köln studierte sie Englisch und Politikwissenschaft. Nach dem Studium ging sie nach Istanbul, wo sie fünf Jahre an einer Privatuniversität als wissenschaftliche Mitarbeiterin tätig war. Inzwischen hat sie ihre Promotion an der Universität Paderborn abgeschlossen. Als wir das Gespräch mit ihr führten, war sie gerade aus Istanbul zurückgekehrt, hatte eine Wohnung in Ehrenfeld gemietet, in der sie früher in ihrer Studienzeit auch gewohnt hatte, plant jedoch, bald nach Paderborn zu ziehen, wo sie an einem Forschungsprojekt mitarbeiten kann.

Rainer wohnt zum Zeitpunkt des Interviews seit zwei Jahren in Ehrenfeld. Er wurde in Salzburg geboren und wuchs in Leverkusen auf. Dort absolvierte er die Schule und eine Ausbildung zum Betriebsschlosser. Für einige Jahre arbeitete er in verschiedenen Städten, unter anderem in Köln, Berlin und Rotterdam. Seine hohe Ortsmobilität zeigt sich nicht nur an zahlreichen Wohnortwechseln, sondern auch an ausgedehnten Reisen. Gemeinsam mit seiner Lebensgefährtin, mit der er von Berlin nach Köln zog, unternahm er lange Reisen nach Thailand und Mexiko. Sein aktuelles Ziel ist es, Geld zu sparen, um eine weitere große Reise zu unternehmen, diesmal nach Indien.

Stefan (43) wohnt seit 15 Jahren in Ehrenfeld. Er ist in Köln geboren und aufgewachsen. Mit 18 Jahren ging er nach Italien, wo er eine Weile gelebt und italienisch gelernt hat. Danach kam er wieder nach Köln und absolvierte eine kaufmännische Ausbildung. Nach der Ausbildung trat er eine Stelle als Verkaufsleiter in einem Kölner Verlag an. Berufsbedingt reist er viel, unterhält Kontakte in verschiedenen Ländern. Gern fährt er nach Italien, weil er dort Bekannte hat und die Sprache beherrscht. Inzwischen hat er sich bei einem Münchner Verlag beworben. Falls seine Bewerbung Erfolg hat, will er dort eine Wohnung nehmen und hin- und herpendeln, da seine Freundin in Köln arbeitet.

Joachim (50) ist 1949 in Eschwege geboren und aufgewachsen. Da seine Mutter früh starb, wuchs er in einem evangelischen Kloster auf, wo er eine humanistische Erziehung genoss. Später absolvierte er in Bayern eine Schreinerlehre und kam 1970 nach Köln. Zunächst arbeitete er als Schreiner, danach studierte er Bildhauerei, Malerei und Grafik. Zum Zeitpunkt des Interviews wohnte er bereits seit 13 Jahren in Ehrenfeld. Nach seinem Kunststudium lebte er zeitweilig auf den kanarischen Inseln, wo er Spanisch gelernt und viele Freunde hat. Er plant, möglichst bald dahin zurückzukehren.

Alexandro (38) ist in Argentinien geboren und aufgewachsen. Nachdem er Kunstpädagogik studiert und eine Weile als Lehrer gearbeitet hatte, ging er nach Madrid, wo er ein Jahr lebte. Danach kam er mit einem Touristenvisum für drei Monate nach Köln zurück. Er ließ sich in Köln nieder und lebte zunächst fünf Jahre illegal bei einem Ehrenfelder Bekannten. Inzwischen hat er geheiratet und zwei Kinder, arbeitet erfolgreich als freier Grafiker.

Wie an diesen Beispielen unschwer zu erkennen, hat die Globalisierung der eigenen Biographie sich inzwischen so weit normalisiert, dass sie ein integraler Bestandteil unserer urbanen Alltagswirklichkeit geworden ist. Nicht nur globale Unternehmen, sondern auch Teile der Bevölkerung sind gewissermaßen zu *Global Players* geworden.

Abbildung 16: La Cigale, Venloer Straße, Köln

Grenzüberschreitende Kommunikation per E-Mail oder Internet, per Ferngespräch oder Fernreise gehören dazu. Bilder, Informationen und Waren aus allen Teilen der Welt sind verfügbar, wenn auch nicht für alle im gleichen Ausmaß.

Kezban wohnt in Ehrenfeld, hat aber Kontakte zu Freunden, ehemaligen Arbeitskollegen und zu ihrer älteren Schwester in Istanbul, wo sie fünf Jahre lang arbeitete. Die Kontakte werden per E-Mail und durch Reisen gepflegt. Sie hat schon mehrere Reisen in die USA unternommen, unterhält zudem virtuelle Kontakte zu feministischen Wissenschaftlerinnen dort. Auch per E-Mail tauschen sie sich über wissenschaftliche Themen aus. Rainers Alltag trägt ebenso internationale Züge, auch wenn er sich in völlig anderen Kontexten bewegt. Durch private und berufsbedingte Reisen pflegt er Bekanntschaften in aller Welt. Nach Mexiko und Thailand, wo er eine Zeit lang gelebt hat, bestehen immer noch Kontakte. Auch in seinem zeitweiligen Wohnort Berlin hat er Freunde und Bekannte, die er ab und zu besucht. In Rotterdam, wo er arbeitete, hat er Freunde, mit denen er noch telefoniert. Für Stefan dagegen gehören seine Kontakte nach Italien, wo er lange Zeit lebte, zur Normalität. Oft besucht er Freunde in Rom. Berufsbedingt ist er viel herumgekommen und hat seitdem Bekannte in aller Welt. Für den Bildhauer Joachim sind grenzüberschreitende Verbindungen genauso selbstverständlich. Mit internationalen Künstlern hat er schon zusammengearbeitet und Ausstellungen organisiert. Zu seinen Freunden auf den kanarischen Inseln, seiner Wahlheimat, hat er enge und regelmäßige Beziehungen aufrechterhalten. Auch Alexandros Leben trägt typische Züge dieser biographischen Globalisierung von unten: in Argentinien geboren, eine Zeitlang in Madrid gelebt und lange Zeit in Köln unter schwierigen Bedingungen illegal. Heute ist er dort erfolgreich in der Kreativbranche tätig. Kontakte zu seinen Eltern in Argentinien und Freunden in Madrid werden durch Telefonate, Reisen und E-Mails gepflegt.

Aus diesen biographischen Einblicken lässt sich schließen, dass Bindungen durch virtuelle und physische Mobilität durchaus über große Entfernungen hinweg aufrechterhalten werden können. Für Ulrich Beck bedeutet die Globalisierung der Biographie, dass sich die »Gegensätze der Welt« nicht mehr weit draußen abspielen, sondern im Kern des eigenen Lebens, in lokalen Kontexten, in denen man sich bewegt (1998, 50): »Wer die Sozialfigur der Globalisierung des eigenen Lebens verstehen will, muss die Gegensätze verschiedener Orte, zwischen denen es aufgespannt ist, ins Blickfeld rücken«.

Im kosmopolitanen Alltag ergeben sich so immer neue Möglichkeiten, weltweite Perspektiven und Individualisierung aufeinander abzustimmen und biographisch zu bearbeiten. Es lässt sich dabei feststellen, dass das Lokale im Zuge der Globalisierung von Biographien nicht verschwindet, sondern sich neu formiert und für die Gestaltung der Lebenswirklichkeit des Einzelnen einen neuen Stellenwert erlangt. Globalisierungsbedingte Entlokalisierung hat zugleich eine Relokalisierung zur Folge. Es ist also zu vermuten, »dass Globalisierung, Regionalisierung, Urbanisierung und Lokalisierung das konstituieren, was heute als ›global condition‹ die Aufmerksamkeit auf sich zieht«, so Helmuth Berking (1998, 386).

Aus dieser Sicht bilden globale Aktivitäten eine grenzüberschreitende Plattform, die für die Vergesellschaftung und Vergemeinschaftung der Individuen vor Ort als Ressource beansprucht wird und für Lebensentwürfe prägend sein kann. Globale (kulturelle) Elemente werden in die alltäglichen Praktiken eingebettet und aus den spezifischen lokalen Kontexten heraus neu interpretiert und transformiert. »Deshalb impliziert Globalisierung immer auch Prozesse der Reterritorialisierung. Durch den produktiven und kreativen Gebrauch globaler Ressourcen konstituieren sich Kulturen ständig neu« (Winter 2000, 229).

Dass lokale Bezüge von jedem anders wahrgenommen werden, kam in unseren Gesprächen deutlich zum Ausdruck. Für den einen spielte der Stadtteil eine wichtige Rolle, wogegen der andere ihn nur als einen Übergangsort erlebte. Gemeinsam ist den meisten jedoch eine pragmatische Haltung nach dem Motto ›Leben und leben lassen‹.

Das öffentliche urbane Leben zeichnet sich durch eine habitualisierte Distanz aus, die Martin Albrow mit wenigen Worten so skizziert:

»Die Menschen gehen aneinander vorbei, ohne sich miteinander abzugeben und verrichten ihr Tagwerk innerhalb von Netzwerken, die sich in Größe und Verbreitung immens voneinander unterscheiden. Sie sind Mitglieder von Familien, Firmen, Verbänden, Vereinigungen, Gewerkschaften, Kirchen, Kulturen, Parteien, Bewegungen und Verschwörungen« (Albrow 1998, 251).

Solche Beobachtungen lassen sich räumlich noch verdichten, wenn man die Bewohnerinnen und Bewohner eines einzelnen Hauses fragt. Das nachfolgend beschriebene Mehrfamilienhaus in Köln-Ehrenfeld, in dem ich selbst einige Jahre gelebt habe, bildet fast schon ein Paradebeispiel für die Diversität von Soziosphären:

Nachbar Ansu (42) ist in Sierra Leone, Afrika geboren. Auf der Flucht vor dem Bürgerkrieg kam er vor 20 Jahren nach Köln und wurde als politisch Verfolgter anerkannt. Er heiratete eine deutsche Frau, mit der er zwei Söhne hat, von der er aber seit zehn Jahren getrennt lebt. Er ist arbeitslos und spielt Trommel in einer Band. Seit fünf Jahren darf er wieder nach Sierra Leone einreisen. Dort hat er enge Kontakte zu seinen Eltern und Geschwistern. Im Musikermilieu kommt er mit vielen Menschen aus verschiedenen europäischen Ländern zusammen. Der Stadtteil Ehrenfeld, in dem er seit zwölf Jahren wohnt, spielt in seinem Leben faktisch keine Rolle, sein Leben spielt sich eher im Szeneviertel der Kölner Südstadt ab, wo er auch einige Zeit wohnte. Im Vergleich zu seinem Herkunftsland empfindet er den sozialen Umgang in Köln als zu formal und unpersönlich.

Sebastiano (74) wohnt seit 1970 im Quartier und seitdem gemeinsam mit seiner Frau in diesem Haus in Köln-Ehrenfeld. Sein erwachsener Sohn ist schon vor Jahren ausgezogen. Geboren und aufgewachsen ist Sebastiano in einem kleinen Dorf in Sizilien; 1968 kam der gelernte Friseur nach Deutschland. Seit seiner Einwanderung arbeitete er als Industriearbeiter, immer bei ein und demselben Betrieb. Inzwischen ist er Rentner. Sein Leben, sagt er, gehe einen regelmäßigen und ruhigen Gang. Sebastiano lebt recht zurückgezogen. Aber er fühlt sich wohl im Quartier. Hier begegne er auf der Straße immer wieder Menschen, die er kenne, insbesondere alten Arbeitskollegen. »Ja, in Ehrenfeld komme ich mir quasi wie in einem kleinen Dorf vor. Ich bin glücklich hier, weil ich morgens, wenn ich einkaufen gehe, immer jemanden treffe, den ich von der Arbeit kenne. Es ist wie in einem Dorf auf der Piazza«.

Thomas (25) wohnt seit fünf Jahren im gleichen Haus. Er ist gelernter Konditor. Nachdem er drei Jahre in einer Konditorei der Innenstadt gearbeitet hatte, ließ er sich auf einen kaufmännischen Beruf umschulen. Zum Zeitpunkt des Interviews befand er sich noch in der Ausbildung. Er ist schwul und verkehrt in Szenelokalen des Stadtteils. Jedes Jahr fährt er nach Griechenland, wo er sich mit seinen Freunden trifft. Zu seinen Eltern und Geschwistern, die in Frankfurt wohnen, hat er intensive Kontakte. Ihm gefällt Ehrenfeld, weil dort in den letzten Jahren einige Szenecafés eröffnet haben. Für ihn bildet aber weniger der Stadtteil einen Bezugspunkt als vielmehr das Schwulenmilieu, dem er sich zugehörig fühlt.

Helga (38) lebt seit 14 Jahren mit ihrem Lebensgefährten im selben Haus und hat einen Sohn. Sie hatte keinen Beruf erlernt, später ihr Abitur nachgeholt und studiert zurzeit Soziale Arbeit an der Fachhochschule Köln. Ihr Partner ist Kraftfahrer und oft berufsbedingt unterwegs. Helga hat durch das Studium einige neue Bekanntschaften gemacht, mit denen sie auch in der Freizeit viel unternimmt. Zu ihren Eltern, die auch in Köln wohnen, habe sie ein gutes Verhältnis. Sie lebt gerne in Ehrenfeld, aber nur in Karnevalszeiten habe sie ›Gemeinschaftsgefühle‹. Sie fährt mit ihrem Partner und ihrem Sohn oft nach Ungarn, wo sie einige Bekannte hat, zu denen sie flüchtige Beziehungen unterhält. Auf Urlaubsreisen war sie außerdem in Italien und der Türkei.

Meine ehemaligen Nachbarn und alle anderen Personen, die hier nur skizzenhaft vorgestellt werden konnten, gehören zu verschiedenen Milieus, die in unterschiedlichem Maße Einfluss und Zugang zu Ressourcen haben, was unterschiedliche Arten persönlichen Engagements – einschließlich Reisen und Telekommunikation – erforderlich macht. Unbestritten ist jedoch, dass der Strukturwandel von Mobilität – bedingt durch neue Kommunikations- und Verkehrstechnologien – enorme Möglichkeiten bietet, weltweite Netzwerke verschiedenster Art aufrechtzuerhalten, zu intensivieren und neu zu definieren.

Globale Mobilität ist in Ehrenfeld eine gelebte Tatsache, auch wenn im kommunalen Diskurs immer wieder die programmatische Frage gestellt wird, ob das Leben im Stadtteil überhaupt schon interkulturell oder multikulturell sei oder sich erst in Zukunft so gestalten würde oder müsse. Diese Frage ist angesichts der beschriebenen Alltagswirklichkeit überflüssig. Sie führt zu polemischen Diskussionen, die an der Realität vorbeigehen.

Wie die Ergebnisse unserer Studie und die oben genannten Biographien bestätigen, stellt gerade dieses auf den ersten Blick scheinbar unzusammenhängende Nebeneinander die Grundlage dar, auf der das urbane Zusammenleben organisiert und reorganisiert wird. Der Stadtteil ist in stetiger Bewegung. Zwar ist hier keine durchweg stabile, in sich geschlossene Gemeinschaft zu erkennen, aber wir finden vielfältige persönliche Verbindungen auf lokaler Ebene, nicht zu vergessen, der in den Gesprächen mit Anwohnern oft zum Ausdruck gebrachte emotionale Bezug zum ›Veedel‹. Diese lokalen Verbindungen schließen jedoch darüber hinausreichende nicht aus, im Gegenteil. Neue formale Strukturen, kulturelle Konfigurationen und unterschiedliche Verständigungsprozesse existieren nebeneinander, erstrecken sich über Ländergrenzen. Die aktuelle ›Realität‹ des Stadtteils setzt sich aus diesen unterschiedlichen Lebensentwürfen und sozialen Netzwerken zusammen, die durch die gewachsene Mobilität ständig neue Formatierungen und Interpretationen erfahren und den *Ort* praktisch zu einem *Raum* erweitern. Ähnlich sieht Martin Albrow diese Globalisierung vor Ort (1998, 245):

»Die Beziehungen von Menschen, die unter globalisierten Bedingungen an einem Ort leben, lassen sich wohl am ehesten als unzusammenhängendes Nebeneinander bezeichnen. Unter dem Blickwinkel der alten Theorie müsste man diesen Zustand als Desorganisation oder Anomie interpretieren. Doch diese Begriffe sind wenig angemessen, da sie sich mehr auf einen Ort als auf einen Raum beziehen. Das Leben von Menschen in solchen Umgebungen ist weder desorganisiert noch sinnlos. Im Gegenteil: Sie sind Teil eines intensiven Sozialgefüges, das zusammenhängende Aktivitäten hervorbringt, die den gesamten Globus einbeziehen«.

In der aktuellen Debatte um die ›deutsche Leitkultur‹ oder um den ›nationalen Integrationsplan‹ wird immer wieder beklagt, wie schwierig oder unmöglich im Grunde eine Kommunikation mit ›den Anderen‹ sei. Nicht nur aus unseren Forschungen, sondern auch aus unserem privaten Alltag wissen wir aber, dass Menschen mit ein- oder mehrheimischem Hintergrund längst über ausreichende Erfahrungen verfügen, mit den unterschiedlichen Formen von ›Anderssein‹ bzw. ›Fremdheit‹ umzugehen. Gerade diese Möglichkeit des distanzierten Umgangs darf nicht als Nachteil oder Krisensymptom missdeutet werden, sondern sollte als eine Grundbedingung der urbanen Kommunikation in einer globalisierten Welt Anerkennung finden.

Abbildung 17: Der Zankapfel: neue Zentralmoschee in Köln-Ehrenfeld

Das Bild vom mobilen und flexiblen Menschen, der, wie Richard Sennett (1998) schreibt, ständig in Bewegung bleibt, keine Verpflichtungen eingeht und starke Bindungen vermeidet, fanden wir im Stadtteil Ehrenfeld jedenfalls nicht bestätigt. Einmal gewählte Beziehungen und Orte werden nicht einfach ersetzt oder marginalisiert, wie manche Kritiker befürchten, sondern gewinnen als biographische Ressourcen und als »biographisches Kapital« (Lutz 2000, 179ff.) an Bedeutung. Zwar schwinden strenge lokale Verbindlichkeiten, weil es zunehmend Alternativen gibt. Lokale Bindungen bleiben jedoch weiter primäre Referenzrahmen für die Verortungspraxis der Stadtteilbewohnerinnen und -bewohner, während sich zugleich durch fortschreitende Globalisierungsprozesse die Orte zur Welt öffnen.

8. Unspektakuläre Alltagspraxis in einem Kölner Viertel[1]

Ob als römische Kolonie, als Pilger-, Wallfahrts- oder Handelszentrum, als französische oder preußische Garnisonsstadt, als Ziel von Arbeitsmigration, Touristenmagnet oder als selbst ernannte ›nördlichste Provinz Italiens‹ – die Entwicklung Kölns mit seinem Image als Rheinmetropole hat immer schon von grenzüberschreitenden, ja weltweiten Einflüssen und Verbindungen profitiert. Und sogar ›urkölsche‹ Aspekte des Alltagslebens und des Stadtbildes – vom Stadtwappen mit den Heiligen Drei Königen aus dem Morgenland, über Dom und romanische Kirchen, Karneval, kölsche Sprache und den ›rheinischen Katholizismus‹ bis hin zur regionalen Küche, dem ›Kölsch‹ und den ›Heinzelmännchen‹ – sie alle sind so unterschiedlicher Provenienz, dass eigentlich nichts außer dem berühmten ›Kölner Klüngel‹ wirklich lokalen Ursprungs sein mag. Mobilität und Migration haben Sozialgeschichte und Alltagskultur ihren Stempel aufgedrückt und eine Diversität hervorgebracht, die man durchaus als Produkt einer zweitausendjährigen Migrationsgeschichte ansehen kann (vgl. Orywal 2007).

Zwar scheint Köln eine reichlich beschriebene und oft besungene Stadt, aber selbst nach eingehenden Recherchen in Bibliotheken und Archiven ist festzustellen, dass keine systematische und vor allem keine anerkennende Darstellung des urbanen Wandels durch Migration aus heutiger Sicht existiert. Mobilität und Migration im 20. Jahrhundert werden selbst in alternativen Archivsammlungen als Problemkonstella-

1 | Leicht überarbeiteter und ergänzter Beitrag, der in dem folgenden Reader erschienen ist: Erol Yildiz/Birgit Mattausch (Hg.) (2009): Urban Recycling. Migration als Großstadt-Ressource. Basel/Bosten/Berlin: Birkhäuser Verlag.

tionen – entweder unter dem Stichwort Ausländer oder, kritischer, unter Rassismus – abgehandelt. Ob ausgrenzend oder paternalistisch, dramatisierend, kriminalisierend oder ethnisierend, statistisch deskriptiv oder polemisch – Migration gilt in der öffentlichen Darstellung nur selten als selbstverständlicher Bestandteil des städtischen Alltags. Im Gegenteil, der beständige und von jeder Einwanderergeneration neu gestiftete Beitrag zum urbanen Wandel wird alltagspraktisch zwar gern vereinnahmt, von Kommunalpolitik und Medien jedoch selten positiv wahrgenommen. Man könnte zu Recht sagen, die Besonderheit der Kölner Migrationspolitik liege bis heute in ihrem Nichtvorhandensein. Wird städtische Vielfalt thematisiert, dann überwiegend, um auf Defizite und Passungsprobleme zu verweisen. Dieser selektive Umgang ist fatal; er versperrt den Blick für eine realistische Einschätzung und Mobilisierung von Potentialen und der durch Zuwanderung freigesetzten urbanen Kompetenzen.

Ein Blick in die Lebenswirklichkeit der Stadtteile zeigt, dass Migranten (heute geht es bereits um die dritte Generation) längst hier angekommen sind und den städtischen Alltag mitgestalten. Von den Jugendlichen unter 18 Jahren hat in Köln mittlerweile fast jeder zweite einen ›Migrationshintergrund‹ – mit steigender Tendenz.

Dass Zuwanderung ein konstitutives Element der Stadtentwicklung ist, kann man in der Rheinmetropole heute täglich selbst erleben. Migranten und deren Nachkommen werden in zunehmendem Maße im Stadtbild sichtbar, melden sich zu Wort, stellen Ansprüche, organisieren in manchen Stadtvierteln große Teile der Infrastruktur und tragen durch ihre ökonomischen Aktivitäten wesentlich zur Lebensqualität bei. Wir sehen hier eine Art selbstorganisierter Integration.

Die Ergebnisse unserer inzwischen mehr als zehnjährigen Studien zu Einwandererquartieren in der Kölner Region verweisen auf eine andere Logik, auf eine Art *sozialer Grammatik*, die ich in diesem Beitrag beschreiben und theoretisch hinterfragen möchte. Im Grunde handelt es sich um eine urbane Alltagspraxis, die bis heute bestenfalls ignoriert wird.

Eine Art kommunaler Tunnelblick prägte schon den Umgang mit den Gastarbeitern nach dem Zweiten Weltkrieg. Die Angeworbenen unterschichteten den Kölner Arbeitsmarkt, bildeten sozusagen den Bodensatz der Arbeitswelt und waren nach Thomas Krämer-Badoni auf diese Weise ökonomisch integriert (vgl. 2002, 47ff.).

Obwohl politisch unerwünscht, ließen sie sich nach und nach nieder und versuchten unter rechtlich erschwerten Bedingungen, sich städtische Orte anzueignen, neue Räume zu schaffen und zu gestalten. In den 1970er Jahren bezogen immer mehr Migranten mit ihren Geschäften ehemalige Ladenzeilen in Stadtteilen, die im Zuge weltweiter ökonomischer Umstrukturierungsprozesse von einheimischen Gewerbetreibenden verlassen wurden, brachten damit wieder Leben in die Straßen und auf die Bürgersteige und trugen entscheidend zur Sanierung heruntergekommener urbaner Räume bei. Kioske, Speiselokale und Lebensmittelläden wurden dabei zur Haupterwerbsquelle, prägten nach und nach Kölner Stadtviertel und verliehen manchen Plätzen und Straßenzügen ein ›mediterran-orientalisches Flair‹. Man könnte die Kölner Realität durchaus als ein migrationssoziologisches Experiment betrachten.

Rückblende zum Ankunftsort

Wie in alten Filmen und auf Photos jener Zeit zu sehen ist, war der Kölner Hauptbahnhof in den ersten Anwerbejahren ein Haupttreffpunkt der Gastarbeiterinnen und Gastarbeiter – er stellte quasi die imaginäre Verbindung zu ihren Herkunftsorten dar. Die meisten Migranten wohnten in Baracken auf dem Firmengelände oder in Sammelunterkünften, hatten kaum Deutschkenntnisse und noch selten Kontakt zur einheimischen Bevölkerung. Auch die Verbindung zu ihren Familienangehörigen war beim damaligen Stand der Fernkommunikation zunächst unterbrochen. Unter diesen Umständen war der tägliche Weg zum Hauptbahnhof mit der Hoffnung verbunden, Bekannte aus den Herkunftsregionen zu treffen, um Neuigkeiten auszutauschen. Der Bahnhof blieb lange der einzige Ort für Begegnung und Kommunikation; kaum einer traute sich in die kölschen Lokale oder Cafés. Es war daher nicht verwunderlich, dass bald die ersten Unternehmergeister den Versuch wagten, in bahnhofsnahen Quartieren wie dem Eigelsteinviertel und der dort gelegenen Weidengasse Speiselokale, Teehäuser und Cafés zu eröffnen. Das erste türkische Ladenlokal in der Weidengasse wurde 1962 gegründet.

Hier, in der nördlichen Innenstadt, haben sich nämlich Entwicklungen vollzogen, die in der öffentlichen Wahrnehmung – wenn auch mit einem gewissen ›Exotismus‹ – weitaus positiver beurteilt werden als die auf der anderen Rheinseite gelegene Keupstraße in Köln-Mülheim, der wir uns später noch genauer zuwenden wollen.

Das Eigelsteinviertel hat einige Wandlungen durchgemacht. Über Jahrhunderte ein typisch gemischtes Altstadtquartier, wurde es im 19. Jahrhundert zu einem prosperierenden und von Zuwanderung geprägten Bahnhofs- und Gewerbeviertel, in dem sich zugleich der Rotlichtbezirk fand.

Abbildung 18: Weidengasse, Köln

Was an dieser Stelle von den Bomben des Zweiten Weltkriegs verschont blieb, zerstörten in den sechziger Jahren Stadtplanerinnen und -planer mit dem Bau der Nord-Süd-Fahrt. Diese sechsspurige Autoschleuse durchkreuzt seit Anfang der 60er Jahre die ehemals lebendige Straße Unter Krahnenbäumen und zerteilt sie in zwei Hälften. Viele Bewohnerinnen und Bewohner wurden gezwungen in andere Viertel zu ziehen, Gewerbe verfielen, Arbeitsplätze verschwanden, weitere Bewohner verließen die Gegend. In dieser desolaten Situation zogen Gastarbeiterinnen und Gastarbeiter ein, entdeckten das abgewirtschaftete Viertel für sich, besonders die Weidengasse, welche die geographische Verlängerung der zerstörten Straße Unter Krahnenbäumen auf der anderen Seite der Schnellstraße ist. Billiger Wohnraum und die Nähe zum Bahnhof waren besonders attraktiv für die Neuankömmlinge.

Mit der Wirtschaftskrise Anfang der siebziger Jahre verloren diese Menschen jedoch zuerst ihre Arbeitsplätze. Die einzige Möglichkeit der Arbeitslosigkeit zu entkommen, sahen viele in der Selbstständigkeit, übernahmen nach und nach die leer stehenden Geschäfte und trugen im Lauf der Zeit wesentlich zur Wiederbelebung des Viertels bei. Da Gastarbeiterinnen und Gastarbeiter nur über eine befristete Aufenthaltserlaubnis verfügten, waren ihnen selbstständige Tätigkeiten rechtlich nicht gestattet. Sie konnten ihren Gewerbeschein anfangs nur über einheimische Mittels- und ›Strohmänner‹ bekommen, denen monatlich ein Anteil ausgezahlt wurde.

Abbildung 19: Maria über Dürümcü, Weidengasse, Köln

Heute werden in der Weidengasse die meisten Geschäfte von Einwanderern betrieben. Durch eine Sanierung von 1990 bis 1995 hat die Stadt Köln ihrerseits zur Modernisierung der Straße beigetragen. Diese wandelte sich zu einer Einkaufsstraße mit internationalem Flair. Von der seit Ende des 19. Jahrhunderts berüchtigten Kleinkriminalität und Prostitution ist hier kaum noch etwas zu erahnen.

Abbildung 20: ›Alträucher‹, Weidengasse, Köln

Abbildung 21: Schleiferei Balwinski, Weidengasse, Köln

Auf den ersten Blick scheint die Weidengasse – von Kölnern oft ›Klein-Istanbul‹ genannt – türkisch geprägt. Hier kann man in allen Preislagen gut essen, hier liegen einige von Kölns ›besten türkischen Adressen‹, ob Bäcker, Fleisch-, Obst- und Gemüsehändler oder Restaurants. Auf den zweiten Blick zeigt sich allerdings, dass sich die Geschäftsleute mit türkischem Hintergrund, die inzwischen auch Schmuck, Musikinstrumente und Brautkleider verkaufen, neben alteingesessenen ›Alträuchern‹ (Trödel- und Antiquitätenhändlern) und Second-Hand-Läden angesiedelt haben, was der Straße eher eine ›mediterran-kölsch-orientalische‹ Atmosphäre gibt.

Dieser Wandel der Anwohnerschaft wird in einem Bildband über die Weidengasse so beschrieben: »die alteingesessenen Bewohner haben neue Nachbarn bekommen. Tür an Tür mit den kölschen Urgesteinen leben heute Türken, Iraner, Syrer, Griechen, Armenier und Italiener. Sie alle prägen die Weidengasse mit ihrer kölschen und internationalen Ausstrahlung und machen sie zu einer lebenswerten ›Veedel‹-Straße, in der ein internationales Herz schlägt und die weit über die Grenze Kölns hinaus bekannt ist« (Rakoczy 2001, 35).

Hier, in diesem innenstädtischen Raum, hat sich tatsächlich eine Alltagsnormalität entwickelt, die von der Kölner Öffentlichkeit mittlerweile als solche anerkannt und geschätzt wird.

Anders dagegen die auf der ›Schäl Sick‹, das heißt rechtsrheinisch – aus kölscher Sicht auf der schlechteren, wörtlich ›schiefen‹ Seite – gelegene Keupstraße in Köln-Mülheim.

Die Keupstrasse: eine verkannte Erfolgsgeschichte

Die Diskrepanz zwischen dem eigentlichen Beitrag von Migration zur Entwicklung von Stadtteilen und der öffentlichen Wahrnehmung kann man am Beispiel der zeitweise hitzig geführten Debatten um diese Straße veranschaulichen.

Für mich steht sie hier gerade deshalb im Mittelpunkt, weil sie von Medien und Kommune immer wieder mit Begriffen wie »Ghetto« und »Parallelgesellschaft« diskreditiert wurde, ich aber aufgrund eigener Studien der Überzeugung bin, dass man sie vielmehr als ein Erfolgsmodell beschreiben kann. Sie ist also ein besonders anschauliches Beispiel für die Widersprüchlichkeit zwischen pragmatischer Alltagspraxis und öffentlichem Diskurs. Hier kann man sowohl den allgemeinen wirtschaftlichen Strukturwandel als auch wesentliche Eckpunkte der Einwanderungsgeschichte in Deutschland nachvollziehen.

Die Keupstraße (frühere Wolfstraße) ist im Verlauf der Industrialisierung im 19. Jahrhundert in der damals noch selbstständigen Stadt Mülheim am Rhein entstanden. Mülheim entwickelte sich zu einem bevorzugten Industriestandort. Industriebetriebe, Ausbau der Infrastruktur, Bevölkerungszuströme und größer werdenden Wohnsiedlungen veränderten den zuvor landwirtschaftlich geprägten Ort nachhaltig und ließen ihn zu einem beachtlichen Industriestandort anwachsen. Es entstanden typische Arbeiterviertel mit Häusern und Wohnungen für finanzschwache Bevölkerungsgruppen. Mitten in diesem Stadtteil befindet sich die Keupstraße.

In den 1950er Jahren zogen die ersten Gastarbeiterinnen und Gastarbeiter hierher. Allerdings sind sie nicht die ersten Zuwanderer, denn die Kabelwerke der Felten & Guilleaume AG in der anliegenden Schanzenstraße beschäftigten in dieser Zeit bereits eine große Zahl von Migranten.

Abbildung 22: Herzlich Willkommen auf der Keupstraße

Die in der Keupstraße seit 1874 für die Bedürfnisse des neuen Industriestandorts Mülheim gebauten Wohnungen waren für die Arbeitskräfte des in unmittelbarer Nachbarschaft errichteten Kabelwerks bestimmt. Schon damals mussten sie von weit her angeworben werden und fanden sich schnell zu einem proletarischen Quartier zusammen, das als solches bald entsprechend diskriminiert und von der Stadt vernachlässigt wurde.

Durch Zuwanderung von Flüchtlingen nach dem Zweiten Weltkrieg und Arbeitsmigration hat sich im Lauf der Zeit ein migrationsgeprägtes Viertel (›Veedel‹) herausgebildet.

Unterschiedliche Migrantengruppen siedelten sich über die Jahre in der Keupstraße an und verließen sie wieder. Die letzte große Zuwanderungswelle fand zur Zeit der Gastarbeiteranwerbung Anfang der 1960er Jahre statt. Die letzte Einwanderergruppe blieb schließlich in der Straße. Sie bestand überwiegend aus Migranten türkischer Herkunft. Mit der Entindustrialisierung Mülheims ging diese Zeit der Mobilität zunächst zu Ende – in den 70er Jahren brach die industrielle Erwerbsstruktur weg. Die Schließung zahlreicher traditioneller Industriebetriebe sowie die Verlagerung von Großbetrieben führten zu hoher Arbeitslosigkeit. Da es nichts mehr zu verdienen gab, schlossen die letzten alteingesessenen Besitzer ihre Geschäfte und verließen die Keupstraße. Zurück blieb ein zerfallender und sanierungsbedürftiger Stadtteil. Die leer stehenden Wohnungen, Lokale und Läden wurden wie in der Weidengasse schrittweise vor allem von türkischen Migranten übernommen, weil der Schritt in die Selbstständigkeit für die meisten der einzige Weg aus der Arbeitslosigkeit war. Nach und nach wurden die Geschäfte renoviert und wiedereröffnet. Dienstleister, kleine Läden und Restaurants reihen sich seitdem aneinander, bald wurden auch Fassaden und Wohnungen instand gesetzt. Auch von der Stadt Köln wurde schließlich eine Sanierung durchgeführt. Heute bietet die Straße in ihrer ›orientalischen Inszenierung‹ ein attraktives Bild.

Für die Quartiersentwicklung scheinen mir dabei zwei Befunde besonders wichtig: Erstens machten die Zuwanderer aus der Not eine Tugend und schufen sozusagen ›auf eigene Rechnung‹ (vgl. Péraldi 1997) neue Arbeitsplätze. Zweitens ist die Keupstraße eine der wenigen auf der rechten Rheinseite, die bis heute nicht in die Hand der Billigketten und Ein-Euro-Shops geraten ist. Diese konzentrieren sich ein paar Ecken weiter auf der Hauptverkehrsstraße.

Abbildung 23: Kervansaray, Keupstraße, Köln

Viele Geschäftsleute fragen sich, warum ihre Straße in der Öffentlichkeit so einen schlechten Ruf hat und fühlen sich von Stadtpolitik und Behörden weder verstanden noch in ihren Anliegen ernst genommen, obwohl doch gerade ihre quartiersbezogenen Kleinunternehmen ein hohes wirtschaftliches und integratives Potential besitzen, das als urbane Ressource wahrgenommen werden kann. Vor diesem Hintergrund ist die Diskrepanz zwischen Alltagsrealität und öffentlicher Wahrnehmung wirklich irritierend. Denn zeitgleich mit der beschriebenen Entwicklung wird von kommunaler Seite und in den Massenmedien vor der Ghettoisierung und ›Verslumung‹ des Stadtteils gewarnt, wobei teilweise auf dasselbe Vokabular zurückgegriffen wird, mit dem die Straße nachweislich bereits im 19. Jahrhundert stigmatisiert worden ist. Der Name Keupstraße wird dabei regelrecht zu einer Negativmetapher. Nachdem 1997 in einer ersten Studie von Heitmeyer u.a. vor »Parallelgesellschaften« gewarnt wurde, wird auch in Köln bald von einer »türkischen Parallelgesellschaft« in der Keupstraße gesprochen. Jeder Kölner kennt seitdem ihren Ruf, auch wenn viele diese Straße, die zudem auf der ›falschen‹ Rheinseite und dort auch noch etwas abseits liegt, nicht einmal mit eigenen Augen gesehen haben.

Im Ergebnis dieser Dramatisierung wurde 1999 im Auftrag des damaligen Sozialministeriums Nordrhein-Westfalen eine kleine Dokumentation über das Leben auf der Keupstraße erarbeitet, die sich keineswegs kritisch gegen diesen Trend stellte, sondern sich in ihn einordnete und bis in sprachliche Details hinein den skandalisierenden Ton übernahm (vgl. Dokumentation Keupstraße 1999). Ein polemisches Grundmotiv bildet hier ›das Ghetto‹. In seiner Dramatisierung entwickelt der Begriff in der genannten Dokumentation eine stigmatisierende Logik. Laut Einschätzung der Autoren gehe mit der ›Ghettobildung‹ die Verdrängung der einheimischen Bevölkerung einher, zudem seien Desintegrationsprozesse, wirtschaftlicher Verfall, Bildungsnotstand, offene und verdeckte Konflikte, Gewalt und Kriminalität zu beobachten.

Hier wird deutlich, dass die anwerbebedingte Entstehung dieses Viertels als eine gezielte räumliche Segregation türkischer Migranten interpretiert und dass der durch Entindustrialisierung bedingte Niedergang des Erwerbslebens den ›ethnischen‹ und ›kulturellen Eigenarten‹ der türkischen Zuwanderer zugeschrieben wird. Dieser von Ethnisierung und Kulturalisierung verstellte Blick degradiert das Wohngebiet zum Problemfeld.

Die genannte Dokumentation und der mediale und lokalpolitische Umgang mit dem Quartier zeigen letzten Endes, wie die territoriale Stigmatisierung und Isolierung der Straße vorangetrieben wird. Begriffe wie »Parallelgesellschaft« oder »Ghetto« entsprechen dem, was Loïc Wacquant (2006, 79) in Anlehnung an Pierre Bourdieu einen »wissenschaftlichen Mythos« nennt, also eine diskursive Formation, die in wissenschaftlicher Codierung und auf scheinbar neutrale Weise soziale Phantasien über Unterschiede zwischen ›Uns‹ und ›Denen‹ konstruiert.

Wie ein solches Denken den urbanen Alltag vergiftet, zeigte sich drastisch an einem Fall, der 2004 durch die Medien ging: das Nagelbombenattentat, bei dem mehrere Anwohnerinnen und Anwohner schwer verletzt und ihre Geschäfte zerstört wurden. Bald gerieten die Betroffenen unter Verdacht, Assoziationen von Schutzgeld und Mafia machten die Runde. Der Täter wurde nicht gefunden, die Ermittlungen der so genannten Soko ›Bosporus‹ irgendwann zu den Akten gelegt, bis fast zehn Jahre später die ebenso flapsig wie irreführend als ›Döner-Morde‹ bezeichneten Verbrechen aufgedeckt wurden. Mehr als zehn Jahre waren die rassistischen Anschläge der rechtsextremen Terrorgruppe ›Zwickauer Zelle‹ unaufgeklärt geblieben.

Ein pragmatischer Blick

In unseren seit 2000 durchgeführten Studien haben wir das Alltagsleben auf der Straße aus der Nähe betrachtet, um dann in einer ›dichten Beschreibung‹ ganz unterschiedliche Aspekte aufzugreifen und zu analysieren, die für das Quartierleben von Bedeutung sind (vgl. Bukow/Yildiz 2002, 81ff.; Yildiz 2007, 319ff.). Das Bild verändert sich, sobald man die Straße nicht mehr von außen, sondern aus der Binnenperspektive ins Blickfeld rückt. Dieser Blick auf das Leben vor Ort verhalf zu differenzierten Einsichten in die soziale Praxis der Anwohnerschaft, auch der verbliebenen Alteingesessenen. Ziel war es, die durch Migration geprägte Straße nicht als Abbild der ›Herkunftswelt‹ oder als Perpetuierung einer so genannten Herkunftskultur zu verstehen, sondern als ein lokales und spezifisches Arrangement, das die Lebenslage der Menschen auf dieser Straße abbildet – eine Lebenslage, die sich nicht zuletzt unter deutlich restriktiven Bedingungen der Aufnahmegesellschaft entwickelt hat. Viele Geschäftsleute auf der Keupstraße beklagen beispielsweise die diskriminierenden rechtlichen Barrieren, die sich negativ auf ihre wirtschaftlichen Entfaltungsmöglichkeiten auswirken.

Aus diesem eher ungewohnten Blick auf das Leben der Keupstraße sahen wir uns plötzlich einer recht trivialen, unspektakulären Alltagspraxis gegenüber (vgl. Stienen 2006). Was in der Außenwahrnehmung unscharf oder einseitig negativ präsentiert wird, erwies sich aus der Nähe als durchaus attraktiv. Es stellte sich schnell heraus, dass die Keupstraße keine in sich geschlossene »Parallelgesellschaft« ist, sondern ein ökonomisch, politisch, sozial und rechtlich mit dem urbanen Umfeld verwobenes und hoch differenziertes Quartier. Das besondere Flair dieser Wohngegend, eine Art ›mediterran-orientalischer Inszenierung‹ ist faszinierend und lässt sich in anderen Großstädten ähnlich beobachten. Diese Mischung von kulturellen Zitaten und Anleihen, die nur vermeintlich der ›Herkunftskultur‹ der Migranten entstammen, erweist sich als eine praktische Geschäftsstrategie, als ein strategisches Zugeständnis an die lokalen, hier die deutschen Vorstellungen vom ›Orient‹. Hier wird deutscher Orientalismus inszeniert, den Edward Said (1978) eine »imaginäre Geographie« nannte. Hier werden neue ökonomische Strategien entwickelt und neue Traditionen geschaffen. Diese quartierspezifische Entwicklung spiegelt eine gleichermaßen von lokalen und globalen Einflüssen geprägte urbane Alltagswirklichkeit. In der Keupstraße wird an zahllosen Beispielen sichtbar, was Robert Pütz als »transkulturelle Praxis« (vgl. 2004) bezeichnet.

Abbildung 24: Mevlana, Keupstraße, Köln

Migrationsgeprägte städtische Alltagspraxis

In vielen Gesprächen zeigten sich diverse, einander überlagernde und kreuzende soziale und kulturelle Erfahrungen. Die Bewohnerinnen und Bewohner der Straße brachten zum Ausdruck, welchen Konflikten und Barrieren sie sich ausgesetzt sehen und welche Handlungsstrategien sie dabei entwickeln, welche Rolle die Familie, die Freundschaften und informelle Netzwerke dabei spielen. Wir erfuhren, wie sie sich den Stadtteil bzw. die Stadt aneignen, durch ihre Nutzung die gebaute Umwelt mitgestalten und das Straßenbild prägen. Die Gespräche belegen darüber hinaus, wie Menschen unterschiedliche, zum Teil grenzüberschreitende ökonomische, soziale und kulturelle Elemente in diesem Quartier nutzen, neu definieren und zu neuen Strukturen und Lebensentwürfen verbinden (vgl. Baumann 1998).

Abbildung 25: Nimet Grill, Keupstraße, Köln

Eine Kölner Lokalgeschichte, die auf engem Raum grenzüberschreitende Prozesse widerspiegelt. Die Einwandererinnen und Einwanderer entwickeln nicht nur einen eigenen und zugleich neuen Lebensstil neben den Alteingesessenen – innerhalb ihrer Gruppe finden sich vielmehr neben gewissermaßen inszenierter türkisch-orientalischer Kultur auch Griechen und Spanier – wie innerhalb der einheimischen Bevölkerung neben Mülheimern auch Zugezogene aus der Eifel oder dem Ruhrgebiet. In allen Gruppen beobachtet man auch jugendkulturelle Orientierungen, die sich längst nicht mehr nach Herkunft, sondern nach altersspezifischen Lebensstilen ausdifferenzieren.

Aus den Gesprächen lässt sich schließen, dass die große Mehrheit sich im Quartier wohlfühlt, die Lebensqualität vor Ort hervorhebt und sich mit der Straße identifiziert. Sie verstehen nicht, warum ihre Wohngegend durch das hartnäckige ›Ghetto‹-Image öffentlich abgewertet wird.

Herr G., ursprünglich aus Mazedonien, wohnhaft in der Keupstraße seit mehr als 20 Jahren, beschreibt seine Nachbarschaft so: »Ist eine gute Straße, die aber einen schlechten Ruf hat, weil hier so viele Ausländer wohnen. Aber das ist nicht wahr, hier ist es sehr freundlich. Wir haben alles hier, was billig ist und es ist sehr gastfreundlich«.

Frau K., polnischer Herkunft, wohnt noch nicht lange im Quartier: »Es ist eigentlich sehr angenehm, also laut ist es schon natürlich, aber ist überall eigentlich so. Ich könnte sagen, es ist angenehm hier zu wohnen, hier kann man ja nämlich vieles verschiedenes sehen. Hier gefällt es mir, das Essen schmeckt auch sehr gut. Also die Leute sind auch sehr nett. Also bin ich zufrieden«.

Herr I., Immobilienmakler türkischer Herkunft, nimmt das Alltagsleben so wahr: »Ich bin froh, hier in der Keupstraße zu sein, hier arbeiten zu dürfen. Die Keupstraße hatte früher einen schlimmen Ruf, aber das ist gar nicht mehr so. Es gibt immer wieder unseriöse Leute, wie überall, aber die Keupstraße hat sich in meinen Augen zu einer seriösen Geschäftsstraße entwickelt«.

Bei den Alteingesessenen klingt in den meisten Gesprächen eine wohlwollende Distanz an. Man hat sich mit der Entwicklung der Straße arrangiert und betrachtet die Situation durchaus positiv und pragmatisch, wenn auch unter exotischen Vorzeichen.

Herr M., der aus der Eifel kommt und seit 15 Jahren hier lebt, sagt dazu: »Das ist Klein-Istanbul hier, ich habe mich gewöhnt an die Istanbulis, was bleibt mir auch anders übrig«.

Auch im Gespräch mit Herrn A., der im Stadtteil geboren und aufgewachsen ist, kommt der pragmatische Umgang mit der Entwicklung des Quartiers deutlich zum Ausdruck: »Ist eigentlich gemischt. Wir sind vereinzelt noch en paar Deutsche, die hier noch leben, wir kommen eigentlich mit den türkischen Kollegen sehr gut zurecht. Das Flair hat ein bisschen was von Urlaub, gerade jetzt, wo die Sonne scheint und wenn die Jungs hier draußen sitzen mit ihrem Tee. Was ich bei den Türken beeindruckend finde, ist die Zusammengehörigkeit. Das ist ja bei den Deutschen nicht so. Man ist hier integriert. Jetzt, als Deutscher, ist man hier schon integriert, das ist ja schon paradox. Wir gehen ja nur in türkische Geschäfte, wir gehen ja nur hier einkaufen«.

Lassen wir zuletzt noch einen Passanten zu Wort kommen, der auf der Keupstraße spazieren geht: »Wenn man türkisch essen möchte, dann ist hier wahrscheinlich der beste Ort in Köln. Die Vielfalt von Geschäften, die man ansonsten selten sieht. Es ist ein bisschen eine andere Kultur, so ein kleines Stück Türkei«.

Aufstieg auf eigene Rechnung

Wirft man heute einen genaueren Blick auf die ökonomische Struktur der Keupstraße, dann fällt zunächst auf: Es gibt inzwischen über 100 unterschiedliche Läden, die sich vornehmlich in privater Hand befinden. Niederlassungen großer Ketten fehlen dagegen. Mit ihrem breiten Angebot bedienen die vorhandenen Geschäfte den alltäglichen Bedarf. Neben Bäckereien und Konditoreien finden sich Bekleidungsgeschäfte, aber auch ein Elektrofachhandel und eine Buchhandlung. Mehrere Restaurants, Bistros und Imbissbuden, ebenso Kneipen und die für Köln so typischen Kioske reihen sich aneinander. Lückenhaft ist das Angebot einzig im Bereich des Lebensmitteleinzelhandels. Allerdings wird diese Lücke punktuell an einigen Wochentagen durch den mobilen Verkauf von Obst und Gemüse auf der Straße sowie einen die Straße regelmäßig anfahrenden Fischwagen geschlossen.

Die meisten Geschäftsleute setzen sich für die Belange der Straße ein. Durch Öffentlichkeitsarbeit, vielfältige Aktivitäten, Projekte und kulturelle Veranstaltungen ist es der *Interessengemeinschaft Keupstraße* zumindest teilweise gelungen, das negative Image der Straße zu verbessern und die bestehende Infrastruktur an Dienstleistungen, Einzelhandelsgeschäften und Gastronomiebetrieben zu professionalisieren.

Abbildung 26: Frühstücksbuffet, Keupstraße, Köln

So ist die Keupstraße heute über Köln hinaus bekannt als attraktive Einkaufsstraße mit orientalischem Flair. Die bestehende Infrastruktur mit ihrer Angebotsvielfalt wird auch von Kunden geschätzt, die aus den umliegenden Städten oder von weiter herkommen, wie die Kennzeichen der parkenden Autos erkennen lassen. Auch die Qualität der Waren und Dienstleistungen wird von den Geschäftsleuten als Grund für dieses weite Einzugsgebiet genannt. So erläutert Herr Ö., Besitzer eines Restaurants auf die Frage nach seiner Kundschaft: »Es gibt viele Stammgäste. Früher hatten wir ja nur Außenverkauf und jetzt essen die alle hier, zu 80 Prozent sind das Stammkunden, die nicht nur aus Köln kommen, sondern aus ganz Nordrhein-Westfalen, auch Leute, die von Frankfurt nach Hamburg fahren wollen, die fahren extra von Köln durch, um nur hier auf die Straße zu kommen, um hier zu essen, sei es bei uns oder bei meinen Nachbarn«.

Die Straße wird für den Einkauf gezielt angefahren, Durchreisende biegen zum Essen in die nahe an der Autobahnausfahrt gelegene Keupstraße ab und selbst Touristen werden in (alternativen) Reiseführern oder auf diversen Homepages auf diese Sehenswürdigkeiten hingewiesen (vgl. Jonuz/Schulze 2011, 37ff.).

Abbildung 27: Torten für jeden Anlass, Keupstraße, Köln

Was die Zusammensetzung der Kundschaft betrifft, zeichnen sich in den Gesprächen unterschiedliche Zugänge zu den Käufergruppen ab, ebenso wie die Verwendung spezifischer Strategien, sie anzusprechen. So erklärt Frau S., Besitzerin einer Konditorei: »Aber durch unsere Mehrsprachigkeit und unseren Freundeskreis sind auch andere Nationalitäten darauf aufmerksam geworden, also inklusive auch gemischte Pärchen, das ist auch immer ganz schön. Wenn die dann auch sehr gerne multikulti essen gehen, gehört dann unser Laden auch dazu. Und das macht die Keupstraße auch dann aus. Aber die deutschen Kunden haben wir durch unsere tolle Medienpräsenz gewonnen. Also, dass halt beim WDR dann fünfmal hintereinander über fünf Jahre gleiche Berichte ausgestrahlt worden sind, dann haben sich unsere deutschen Kunden auch geöffnet und getraut, hierher zu kommen und ihre Geburtstagstorten zu kaufen und die essen auch sehr gern unser Gebäck, was wir auch als Weihnachtsgebäck mittlerweile an die Düsseldorfer Weihnachtsmärkte hier vorbereiten, und wir verkaufen die dann da«.

Mit besonderen Marketingstrategien werden sowohl lokale als auch überregionale Ereignisse aufgegriffen. Anlässlich des katholischen Weltjugendtags 2005 und eines Papstbesuches in Köln, zierte eine Torte mit seinem Konterfei das Schaufenster der türkisch-kölschen Konditorei. Auch der jährliche Karnevalszug nimmt auf Initiative der hier ansässigen Unternehmer seinen Weg durch die Straße, in der die Anwohnerinnen und Anwohner dann mitfeiern. Eine selbst gestaltete Festtagsbeleuchtung erhellte die Straße nicht nur zu Weihnachten und Silvester, sondern auch zum Ramadan.

Die Angebotsvielfalt und deren Qualität bilden einen zentralen Aspekt der ökonomischen Prosperität dieser Straße. Denn im Vergleich mit der nahe gelegenen Berliner oder Frankfurter Straße, den zentralen Einkaufsmeilen des Stadtviertels, fällt auf: Während dort vor allem im letzten Jahrzehnt ein Niedergang sichtbar wurde, der sich in der hohen Fluktuation der Geschäfte und einer wachsenden Präsenz von ›Ein-Euro-Läden‹ sowie Niederlassungen großer Ketten äußert, ist die Keupstraße durch eine hohe Beständigkeit geprägt. Dieser Erfolg ist dabei nicht zuletzt auch das Ergebnis der Flexibilität der Gewerbetreibenden und ihrer Fähigkeit, vorhandene Ressourcen formeller und informeller Art kreativ zu nutzen.

Die Entstehung der ökonomischen Struktur der Keupstraße zeigt, wie Arbeitsmigranten und deren Nachkommen unter diskriminierenden Bedingungen eine *Kultur der Selbstständigkeit* entwickelten, die ohne die Nutzung informeller Ressourcen nicht denkbar wäre. In fast allen Fällen handelt es sich um Familienbetriebe und oft sind tatsächlich ganze Familien in den jeweiligen Betrieb eingebunden. Darüber hinaus zeigt sich, dass es vor allem Familienunternehmen sind, die in schwierigen Zeiten und an desolaten Standorten Risiken eingehen, Geschäfte eröffnen und so zu einer grundlegenden Verbesserung der Versorgungssituation im Quartier beitragen. »In der Startphase hat die Familie zusammengehalten und Tag und Nacht gearbeitet, über mehrere Monate, ohne Lohn«, erzählt Frau M., die Besitzerin einer Bäckerei auf der Keupstraße.

Ökonomische Aktivitäten und soziale Netzwerke sind eng miteinander verschränkt. Da Migranten im formellen Arbeitsmarkt häufig marginalisiert oder ausgegrenzt werden, sind sie dazu gezwungen, alternative Strategien und Beziehungskompetenzen zu entwickeln. Indem die für ihre Unternehmen existentiellen Netzwerke und andere soziale Ressourcen mobilisiert werden, werden sie automatisch auch gestärkt. »Sie akkumulieren soziales Kapital«, so Saskia Sassen (2000, 103).

Zwar hat der Diskurs über die Keupstraße in den letzten Jahren einen Wandel erfahren. Die skeptischen Stimmen sind verhaltener geworden. Selbst der ehemalige Oberbürgermeister Fritz Schramma nannte die Straße inzwischen ein Erfolgsmodell, das Vorbildcharakter für die restliche Kölner Bevölkerung habe. Berichte in der Lokalpresse zeigen dennoch, wie hartnäckig sich die jahrzehntelange Skandalisierung in den Köpfen hält und regelmäßig wiederbelebt wird. In Artikeln aus dem Jahr 2005 wird die Keupstraße als »Parallelgesellschaft mit eigenen Regeln« bezeichnet. Unterschwellig wird gewarnt: »In die Keupstraße ist seit Jahrzehnten das Morgenland eingezogen. Hier herrschen türkische Sitten, die Gesetze einer in sich fast geschlossenen Gesellschaft«.[2] In einem Beitrag der *Zeit* vom 17.3.2008 wird scheinbar positiv an die ›Exotik‹ und Vielfalt der Straße angeknüpft: »Die Keupstraße ist wie ein bunter Hund in der Stadt [...]. Exotische Schilder werben für Reisebüros, Schneider, Tuchläden [...]. Historische Fassaden sind mit blauen Kacheln verziert wie die Innenwände einer Moschee. Verschleierte Frauen bändigen ihre Kinder [...] Deutsche Passanten sind so selten wie in einem kurdischen Dorf«.

Gerade die letzte Aussage, die kaum einer Überprüfung standhalten würde, lässt jedoch vermuten, dass sich hier allenfalls die Rhetorik angepasst hat und Begriffe wie »Ghetto« oder »Parallelgesellschaft« hinter den blumig-exotischen Beschreibungen nur noch angedeutet werden. Offensichtlich ist die »symbolische Exterritorialisierung« (Lang 1998, 162) migrationsgeprägter Stadtviertel aus dem offiziellen Diskurs nicht wegzudenken.

2 | Dabei handelt es sich um eine Artikelserie unter dem Motto »unsere Kölnländer« im *Kölner Stadtanzeiger* vom November 2005. In den von der Redakteurin Kristen Boldt verfassten Beiträgen diente die Keupstraße wiederholt als Negativfolie.

Abbildung 28: I Love Keupstraße

Fazit und Ausblick

Obwohl der (post-)migrantische Beitrag als ein Herzstück der urbanen Kultur und der lokalen Wirtschaft Kölns anzusehen ist und zur Versorgungsqualität von Stadtteilen wesentlich beiträgt, findet diese Tatsache nur in Ausnahmefällen eine kommunale Wertschätzung. Es wäre endlich an der Zeit, die Entwicklung solcher Quartiere offiziell als Leistung der Migranten anzuerkennen und die von Zuwanderung ausgehenden kulturellen und ökonomischen Impulse in den Mittelpunkt der Stadtpolitik zu rücken. Informelle Netzwerke, auf die Migranten zurückgreifen (können), sind in Krisenzeiten eine unverzichtbare Ressource und Überlebensstrategie.

Stadtentwicklungspolitisch gibt es in diesem Kontext viele Möglichkeiten, migrationsbezogene Fragestellungen in die konzeptionellen Überlegungen einzubeziehen. Immerhin gibt es in jüngster Zeit einige Großstädte, die im Rahmen integrierter Konzepte Leitbilder und Strategien ausarbeiten, in denen migrationsspezifische Themen im Mittelpunkt der Überlegungen stehen (vgl. Berding 2008).

Die Kölner Bewerbung um den Titel »Kulturhauptstadt Europas 2010« im Jahr 2004 war in dieser Hinsicht ein bezeichnendes Beispiel für die Formulierung eines Selbstverständnisses, das zum ersten Mal den Beitrag der Zuwandererinnen und Zuwanderer zur Kölner Urbanität betonte (vgl. Colonia@Futura 2004, Teil II). Das Bewerbungskonzept stand unter dem für Außenstehende rätselhaften Motto »Wir leben das«. Gemeint war die lebenspraktische Relevanz migrationsbedingter Vielfalt für das urbane Zusammenleben und deren Selbstverständlichkeit im Kölner Alltag. Diese durch den gezielten Rückgriff auf Migration inszenierte symbolische Aufwertung städtischer Räume und der neue Habitus der Stadt als Migrationsstadt fielen leider abrupt in sich zusammen, als die Bewerbung für die Kulturhauptstadt scheiterte. Was bleibt, ist die Erkenntnis, dass man auch in der Kölner Lokalpolitik ein Bewusstsein der Wertschätzung von Zuwanderung und städtischer Vielfalt erzeugen kann, mit dem sich neue Perspektiven für das urbane Zusammenleben auftun. Angemessen und zukunftsweisend wäre es, wenn Kommune und Medien das Phänomen Migration als konstitutives Element der Stadtentwicklung auch längerfristig zum Leitbild erklären würden. »So gilt es für unsere Epoche weiterhin eine stadtplanerische Konzeption zu entwickeln«, schreibt Klaus M. Schmals, »die diesen positiven historischen Zusammenhang bewusst hält und zur Basis eines diskriminierungsfreien Miteinanders macht« (Schmals 2000, 11).

9. Biographien in Bewegung

»Meine Mutter beispielsweise ist Tscherkessin und kommt aus dem Kaukasus. Ihre Sippe entkam nur knapp der Deportation nach Sibirien; das geschah in der Zeit, als Stalin mit eisernem Besen fegte und auch das kleine Tscherkessenvölkchen seiner Zwangsumsiedlungspolitik zum Opfer fiel. Nicht vielen gelang die Flucht an die türkische Schwarzmeerküste, und die es doch schafften, wurden über Nacht türkische Staatsbürger. Mein Vater wiederum gehörte der dritten Generation der Balkanflüchtlinge an, die sich nach der Weltkriegsniederlage und dem Zusammenbruch des Osmanischen Reiches in das türkische Kernland aufgemacht hatten. Ich bin im anatolischen Bolu geboren, meine achtzehn Monate jüngere Schwester ist gebürtige Berlinerin. Kann man vor solch immensen Zeitzäsuren und biographischen Brüchen noch von einer einzigen Identität sprechen, die alle Altersklassen in der Geschlechterrolle in Haft nimmt? Irreguläre Lebensläufe aus Zusammenbruchsszenen sind das wahre Gesicht der Einwanderung« (*Feridun Zaimoglu, 2001*).

Der Autor Feridun Zaimoglu erzählt seine Familiengeschichte auf eine Weise, die nachvollziehbar macht, wie mehrdeutig und wenig klassifizierbar Lebensläufe und Erfahrungen sind oder sein können und dass Migration zu vielen Familienbiographien gehört.

Migration heißt eben nicht einfach, von einem Ort aufbrechen, in den nächsten einwandern und dort integriert werden. Vielmehr entstehen durch Migrationsbewegungen neue Räume und Zusammenhänge, durch grenzüberschreitende Prozesse und Verbindungen werden Globalisierungsprozesse in den lokalen Alltag übersetzt, die für Städte und für die urbane Alltagspraxis von Bedeutung sind. Diese neuen Entwicklungen haben allerdings bisher kaum in wissenschaftliche Theorien und öffentliche Diskurse Eingang gefunden. Migration, so glaubt man noch immer, verändere nur die Lebenswelten und Biographien Zuwanderer, nicht aber die daran beteiligten Gesellschaften.

Abbildung 29: Bizim Berber (›Unser Friseur‹), Keupstraße, Köln

Dies erweist sich bei genauerer Betrachtung jedoch als Trugschluss. Städte werden zu einer Plattform, auf der Konflikte und Widersprüche des globalen, strukturellen, kulturellen und politischen Lebens ausgehandelt werden. Dabei geht es nicht einfach um Vorteile oder Nachteile, sondern um eine strukturelle Transformation, die dazu führt, dass lokale Entscheidungen zeitgleich komplizierter und wichtiger werden, an zusätzlicher Bedeutung gewinnen. Das bedeutet auch, so formuliert Schwengel, dass »in der Stadt modernste Mobilitäts- und Unterscheidungstechnologie auf individuelle und soziale Körper stößt, an deren Schnittsstelle so etwas wie globale Orte entstehen« (Schwengel 1999, 167).

»Globale Sesshaftigkeit« (Hermann Schwengel) scheint ein zutreffendes Bild für den Zustand heutiger Biographien. In der lokalen Verortungspraxis werden zahlreiche Elemente und Motive, die in einem grenzüberschreitenden Kommunikationszusammenhang stehen, biographisch verarbeitet. Diese translokalen Aneignungsprozesse führen jedoch nicht zum Verschwinden des Lokalen. In der Öffnung der Orte zur Welt bleibt es weiterhin der primäre Bezugspunkt bei der Gestaltung der Biographie (vgl. Hepp 2000, 203). Neu ist allerdings das Alltagsverständnis, das aus einer Reinterpretation des Lokalen hervorgeht.

Eben diese neuen Verortungsprozesse in den Städten möchte ich nun anhand von unterschiedlichen Migrationsbiographien rekonstruieren.

Ertan (22) – Globale Orientierung

Ertan ist in Istanbul geboren und aufgewachsen. Nach dem Abitur kam er nach Köln, weil er schon immer im Ausland studieren wollte. Um sein Studium der Pädagogik zu finanzieren, übernimmt er wie viele andere ausländische Studenten, Aushilfsjobs in unterschiedlichen Bereichen. Skateboardfahren gehörte in Istanbul zu seinen Hobbies, und auch in Köln hat er in seiner Freizeit schnell Anschluss an die Szene gefunden. Die Beziehungen zu seinen Eltern und einigen Freunden in Istanbul werden durch Telefonate und Mails weitergepflegt. Wenn er genug Geld hat, fliegt er nach Istanbul, um seine Eltern, Bekannten und Verwandten zu besuchen. Auch mit seinem Cousin, der in Chicago studiert, hat er weiterhin Kontakt. Außerdem gibt es noch Kontakte zu seinen Freunden aus dem Skater-Milieu in Istanbul, die jedoch seltener werden, was er bedauert. In unserem Gespräch vergleicht er die Istanbuler mit der Kölner HipHop-Szene und kommt zu dem Ergebnis, dass die Beziehungen hier unpersönlicher

> und distanzierter seien, was ihn anfangs zwar gestört, woran er sich aber im Laufe der Zeit gewöhnt habe. Da er über Abiturkenntnisse in Englisch verfügt, inzwischen die deutsche Sprache beherrscht und Türkisch seine Muttersprache ist, hat er potentiell die Möglichkeit, unterschiedliche Medien als Informationsressourcen zu nutzen, was er auch weitgehend tut.

Während seiner Schulzeit in Istanbul traf Ertan die Entscheidung, im Ausland zu studieren, ein Wunsch, den viele Jugendliche in der Türkei teilen. Dass er sein Studium in Köln aufnahm, hatte vor allem pragmatische Gründe. Sein Onkel lebt seit 20 Jahren in Köln und half ihm anfangs, sich hier zu orientieren.

In Istanbul hörte Ertan vor allem Punkrock oder Hardcore und kam mit der Vorstellung hierher, dass die Jugendlichen in Europa den gleichen Musikgeschmack hätten. Diese Erwartung wurde jedoch enttäuscht: »Eher hören die Leute hier HipHop oder Elektronische Musik«.

Er beschreibt, welche Schwierigkeiten er anfangs in Köln hatte, wie er die Stadt nach und nach für sich entdeckt und welche Strategien er entwickelt habe, um Freunde zu finden und seine sozialen Netze aufzubauen. Seine ersten Bekannten gehörten zu dem Deutschkurs, den er damals besuchte. Anschließend kaufte er ein Skateboard und ging fast täglich zur ›Domplatte‹[1], um dort zu skaten. Mit der Zeit gewann dieser Platz in seiner Biographie an Relevanz, weil er viele Nachmittage und Wochenenden dort verbrachte und gleich gesinnte Jugendliche dort traf. Interessen und Hobbies waren bei diesen Bekanntschaften bestimmend: »Also, man bekommt Freunde durch seine eigenen Hobbies, so Skateboard, da lernst du jemanden kennen, der auch skatet, dann unterhältst du dich. Nach dem Interesse sucht man sich Freunde«. Nur die deutsche Sprache stellte für ihn anfangs eine Barriere dar.

Ertan hat den Kontakt zu seinen Eltern, die sich vor etwa zehn Jahren scheiden ließen, und zu seinen damaligen Freunden in Istanbul nicht aufgegeben. Die Kontakte werden durch E-Mails und Telefonate weitergepflegt. Wenn er nach Istanbul fährt, werden die alten Freundschaften wieder reaktiviert. Im Gegensatz zu Köln findet er die Beziehungen in Istanbul stabiler und wärmer, und immer wieder vergleicht er seine Erfahrungen ›dort‹ und ›hier‹. Nach einer kurzen Orientierungsphase be-

1 | Beliebter Platz am Kölner Dom, auf dem sich vor allem Straßenkünstler und Skater treffen.

gann Ertan, Pädagogik zu studieren, weil er »eher sprachlich begabt« sei und der Meinung war, dass man durch das Pädagogik-Studium »menschlicher und offener« werde. An der Universität hat er zwar Kontakte, allerdings nur wenige: »Du lernst jemanden kennen, am nächsten Tag redet der nicht mehr mit dir oder begrüßt dich nicht. Am Anfang habe ich mir gedacht, warum sind die Leute so, aber jetzt ist das egal eigentlich. Das ist jetzt eine gute Erfahrung geworden«.

Die meisten seiner Freunde stammen aus dem HipHop-Milieu, in dem er mittlerweile seine Freizeit verbringt: »Wenn ich Freunde treffe, dann rappen wir bisschen so, Texte schreiben, rapmäßig«. Rappen macht ihm viel Spaß. Musik nimmt einen breiten Raum in seinem Leben ein. »Musik verbindet, koppelt Leute aneinander«. Musik bildet einen wichtigen Orientierungspunkt für ihn, Lokale und Freizeitangebote sucht er hauptsächlich nach Musikrichtungen aus.

In seinem Wohnheim lernte er viele Studenten aus unterschiedlichsten Ländern kennen, was er als positive Erfahrung bewertet: »Da lernt man ganz andere Persönlichkeiten, Charaktere kennen. Ich habe hier viele Leute getroffen, aus Südamerika, aus Nordamerika, aus aller Welt, voll viele Leute kennengelernt, das ist auch so eine gute Erfahrung eigentlich, dann lernt man andere Perspektiven, andere Aussichten kennen«.

Seitdem er in Köln lebt, denkt er über das Leben, über die Situation in Istanbul immer wieder neu nach. Einerseits spart er nicht mit Kritik an den Verhältnissen dort, andererseits fühlt er sich durch seine Auslandserfahrungen mit seiner Heimatstadt stärker verbunden: »Also wenn man im Ausland ist, dann bewertet man sein eigenes Leben anders«. Die türkischen Medien nutzt er als alternative Informationsquelle, weil sie »ganz andere Perspektiven« zeigen würden.

Ein wesentliches Problem ist für ihn, dass er sein Studium weitgehend selbst finanzieren muss. Daher ist er auf ständige Nebentätigkeiten angewiesen. Da er als Student aber nur eine beschränkte Arbeitserlaubnis besitzt und nur in den Semesterferien arbeiten darf, findet er oft keine Jobs. Deswegen fühlt er sich gesetzlich und sozial diskriminiert.

Entgegen der vorherrschenden Haltung im offiziellen Migrationsdiskurs, wo Migranten vor allem in Defizitbegriffen abgehandelt werden und ihre Verortungspraxen und Anstrengungen ignoriert werden, demonstriert Ertan eine globale Orientierung. Er ist in Istanbul geboren und aufgewachsen, einer Stadt, die eine lange Geschichte als kosmopolitane, offene Metropole hat. Schon in Istanbul wurde er mit kulturellen

Unterschieden konfrontiert, unabhängig davon, dass sein Lebensstil und Musikgeschmack ohnehin grenzüberschreitend orientiert sind. Auch die HipHop-Kultur, die er sich in Köln ›angeeignet‹ hat, ist eine globale Orientierung, die sich lokalspezifisch manifestiert.

Im Gegensatz zu der gängigen Praxis, (Post-)Migranten auf ethnische Dimensionen festzulegen, offenbaren sich in Biographien wie der von Ertan ganz andere Horizonte. Grenzüberschreitende Alltagskontexte, in denen er sich bewegt und seine Biographie formuliert, spielen für seine Verortungspraxis eine wesentliche Rolle. Seine biographische Konstruktion erweist sich als ein dynamisches Gebilde, das immer wieder reflexiv hergestellt wird. Seine Biographie gibt wie die meisten anderen, die ich in diesem Buch schon vorgestellt habe, ein lebendiges Beispiel dafür, wie unterschiedliche Traditionen und Kulturen im lokalen Kontext ständig reflektiert und neu erzeugt werden; sie ist exemplarisch für die Konstruktion einer individuellen Migrationsgeschichte oder, allgemeiner gesagt, für globalisierte Lebensläufe. Solche Geschichten machen die Globalisierung unserer Gesellschaft von unten deutlich. Verschiedene Bausteine aus unterschiedlichen Regionen der Welt werden unter lokalen Bedingungen zu einer Biographie zusammengesetzt, reflektiert und neu erzählt. Obwohl eine solche alltägliche Praxis zum Leben sehr vieler Stadtbewohnerinnen und -bewohner gehört, bleibt sie doch in der öffentlichen Wahrnehmung weitgehend unsichtbar – auch in der gegenwärtigen Debatte über Zuwanderung. Ihr Alltag widerspricht offenbar den konventionellen Vorstellungen von Integration und Zusammenleben in einer kosmopolitanen Stadt. Konkrete Prozesse vor Ort aufzunehmen und im globalen Horizont neu zu kodieren, macht den ›Globalisierungsvorsprung‹ von Migrationsbiographien aus. So entstehen »kosmopolitische Kompetenzen« (Römhild 2003, 18) vor Ort.

Nabaz (20) – Fluchtbiographie – Habitus der Überlebenskunst

Nabaz ist in Rumadi im Irak, 120 Kilometer von Bagdad entfernt, an der Grenze zu Syrien geboren und aufgewachsen. 2001 flüchtete er im Alter von 17 Jahren aus dem Irak, um der Einberufung in Saddam Husseins Armee zu entkommen. Seine Mutter hatte ihn zu dieser Flucht motiviert und ihn dabei unterstützt. Trotz vieler Schwierigkeiten gelang es ihm, über die Türkei nach Griechenland zu kommen. Nach einigen Monaten Aufenthalt in

> Griechenland reiste er mit einer Gruppe von irakischen Flüchtlingen weiter nach Italien. Von da aus ging es nach Frankreich und anschließend nach Deutschland. Erst kam er nach Hamburg, anschließend nach Köln. Er stellte einen Asylantrag und wohnte zunächst für ein Jahr in einem Flüchtlingswohnheim in Gummersbach bei Köln. Nach drei Monaten bekam er einen Flüchtlingspass.

Zwei Aspekte stehen während des Interviews im Mittelpunkt: Die Flucht aus dem Irak, die seine Biographie wesentlich geprägt hat und seine Diskriminierungserfahrungen in Deutschland.

Die Erzählungen über seine Flucht, die fast ein halbes Jahr dauerte, nehmen im Gespräch einen breiten Raum ein. Das notwendige Geld hatte die Mutter zusammengespart, aber auch seine Tante in Schweden und sein Onkel in den USA unterstützten ihn finanziell.

Zunächst flüchtete Nabaz in die Türkei, wo er sich etwa zwei Wochen aufhielt, danach wurde er mit anderen Irakern mit einem Boot nach Griechenland gebracht. Die Weiterreise nach Italien war schwierig. Etwa drei Monate lebte er illegal in Griechenland. Einmal wurde er in Saloniki von der Polizei drei Tage ins Gefängnis gesperrt. Danach konnte er durch Zufall mit ein paar anderen Irakern, in einem LKW versteckt, nach Italien gelangen: »Das waren drei Monate, das war eine harte Arbeit, weil es nicht normal ist, dass man ohne Pass in ein anderes Land fährt. Ja, das ist nicht einfach, und am Ende habe ich das geschafft«.

Von Bari aus fuhr er nach Rom, wo er ein paar Tage verbrachte. In Rom gab es viele Kirchen, wo er kostenlos essen und duschen konnte. Da er kein Geld mehr hatte, um im Hotel zu übernachten, musste er die Nächte im Park verbringen. Dann fuhr er zur französischen Grenze, zu einer Stadt, an deren Namen er sich nicht mehr erinnern kann und ging von da aus über die Berge zu Fuß nach Frankreich. In einer französischen Stadt, deren Namen er auch vergessen hat, kaufte er ein Ticket nach Paris und von da aus kam Nabaz nach Hamburg und schließlich nach Köln.

In Köln suchte er das ›Flüchtlingsschiff‹ (ein auf dem Rhein gelegenes Übergangswohnheim) auf und wurde von dort aus einen Tag später zur Polizei gebracht, wo man ihn verhörte. Er kam dann in ein Übergangswohnheim in Heumar, nach zwei Wochen ins Asylbewerberwohnheim nach Gummersbach, in dem er ein Jahr lang wohnte.

Während dieser Zeit bekam Nabaz einen Flüchtlingspass, der in seiner Biographie einen Wendepunkt bedeutete. Zum ersten Mal nach seiner Flucht verfügte er über richtige Dokumente. Der Pass eröffnete ihm neue Möglichkeiten. Bis dahin war er gezwungen gewesen, harte Arbeiten zu verrichten, für die er nur einen Euro pro Stunde bekam: »Wenn man in Deutschland ein Papier kriegt, kann man besser leben. Es ist so viel Stress, es ist hart, sehr hart. Wenn man Glück hat und einen Pass bekommt, dann kann man selber arbeiten, selber eine Wohnung finden, man kann in andere Länder fahren, das ist Ok. Aber wenn man keinen Pass hat, keine Papiere hat, kann man nix machen in Deutschland. Nur sitzen und gucken, was die Sozialhilfe dir gibt, und gehst zum Aldi einkaufen und Feierabend«.

Seit er einen Pass besaß, konnte er an Sprachkursen teilnehmen und seine Deutschkenntnisse verbessern. Anschließend bekam er über eine Leihfirma eine Arbeit bei Ford. Nach einem Jahr wurde er jedoch gekündigt, da kein Bedarf mehr bestand. Nabaz war danach sehr unglücklich über seine erneute Arbeitslosigkeit. Da er nur eine Grundschule besucht und keine abgeschlossene Berufsausbildung hat, ist es für ihn fast unmöglich, auf dem freien Markt eine angemessene Arbeitsstelle zu finden.

Während dieser Zeit hat Nabaz die Kontakte zu seiner Mutter, die mit seinem Onkel zusammenlebt, weitergepflegt. Sie spielt in seiner Biographie eine wichtige Rolle, denn ohne seine Mutter hätte er die Flucht nicht realisieren können.

Sein Leben in Köln fasst er mit dem Satz zusammen: »Ich bin hierher gekommen, um unglücklich zu werden«. Einerseits ist er froh, dass er aus dem Irak flüchten konnte und jetzt in Köln leben kann, andererseits aber findet er keine Arbeit, weil er keinen Beruf hat; und wenn er eine Stelle findet, bekommt er kaum Geld dafür. Für eine Ausbildung sind seine Deutschkenntnisse nicht ausreichend. Nabaz fühlt sich in einer Sackgasse, aus der er nicht mehr herauskommt: »Und ich habe auch keine Ausbildung und jetzt in Deutschland sagen viele Arbeitgeber, Sie brauchen eine Ausbildung und Führerschein, ich habe keinen Führerschein, ich hab keine Eltern hier, die Geld hätten oder die mir helfen könnten«. Einen Ausweg aus seiner Situation sieht er in der Hoffnung, dass die Zustände in seinem Land wieder besser werden und er wieder im Irak leben kann.

Zum Zeitpunkt des Interviews befand sich Nabaz in einer vom Arbeitsamt finanzierten Motivationsmaßnahme, an der er teilnehmen musste, um den Anspruch auf Sozialhilfe nicht zu verlieren. Mit dem Satz »Ich habe noch nicht ein solches Leben gelebt«, evaluiert er seine aktuelle Situation: »Ich sage nicht, Deutschland ist schlecht. Aber ich finde, vielleicht für mich schlecht, weil für mich ist es hart, ich bin nicht hier geboren, viele sagen, bist noch jung, kannst du noch lernen, aber ich habe viele Male probiert, ist ziemlich hart. Aber ich hoffe, meinem Land geht es gut, ich gehe rüber, hoffe ich. Ich sage deshalb nicht, Deutschland ist schlecht. Aber ich glaube, für mich ist mein Land besser«.

Im Nachhinein bereut er, dass er seiner Mutter zuliebe nach Deutschland und nicht nach Kanada ausgewandert ist, wie ursprünglich geplant. Nabaz glaubt, dass in anderen europäischen Ländern die Lebensbedingungen für Flüchtlinge besser seien: »Wenn man Glück hat, trifft man ein gutes Land«. Nabaz hat eine Tante in Schweden, die er einmal besuchte, und einen Onkel in den USA und hofft, irgendwann auswandern zu können.

Die Biographie von Nabaz macht deutlich, dass er eigentlich den Prototyp eines ›Weltbürgers‹ darstellt und dazu auch die erforderlichen Kompetenzen besitzt, andererseits aber die Realisierung solcher Fähigkeiten und Ambitionen an rigiden nationalstaatlichen Grenzen scheitert. Die Härte der Grenzen, die er illegal überschreiten musste, bekam er deutlich zu spüren. Daher bedeutet der Pass, den er zum ersten Mal in Köln als Flüchtling bekam, und der ihm neue Möglichkeiten eröffnete, eine biographische Wende, wenn auch nicht im erhofften Ausmaß.

Seine bisherigen Bemühungen in Köln, sich neu zu orientieren und seine Lebensziele zu verwirklichen, scheiterten wegen der riskanten und diskriminierenden Bedingungen, unter denen Nabaz sein Leben fristet. Seine kosmopolitanen Kompetenzen sind für ihn hier nutzlos, weil sie aus nationaler Perspektive als Mangel abgewertet werden.

Obwohl Nabaz seine aktuelle Situation in Köln als aussichtslos betrachtet, gibt er seine biographischen Ziele nicht auf, hofft sie vielleicht in anderen Ländern realisieren zu können. Dass Nabaz unter riskanten Bedingungen eine lebenswerte Biographie zu entwerfen und immer wieder neue Orientierungen zu finden versucht, macht ihn sozusagen zu einem der vielen unerkannten Protagonisten der kosmopolitanen Welt.

Camal (23) — Zwischen Marginalisierung und globaler Neuorientierung[2]

Camal ist, als wir miteinander reden, 22 Jahre alt. Er ist der Älteste von vier Geschwistern, drei Brüdern und einer Schwester. 1976 in einer Stadt nördlich von Köln geboren, lebte er für einige Jahre in Tunesien und kehrte im Alter von zehn Jahren in die Bundesrepublik Deutschland zurück. Nach ihrer Rückkehr zog die Familie wieder nach Köln. Während seine Eltern im Viertel blieben, wohnte Camal für kurze Zeit gemeinsam mit seiner Freundin in einer nahe gelegenen Stadt. Zum Zeitpunkt des Gespräches lebte er wieder bei seiner Familie in einer kleinen Wohnung in Köln.

Zwei Themen dominieren das Interview: seine Probleme mit dem Aufenthaltsstatus und der Arbeitserlaubnis einerseits, seine Leidenschaft für Musik andererseits. Bereits zu Beginn werden beide Themenbereiche von ihm angesprochen.

Zum Zeitpunkt des Interviews erhält Camal von den Behörden bereits seit längerem nur noch eine jeweils dreimonatige Aufenthaltserlaubnis, zugleich ist er immer wieder von einer Abschiebung nach Tunesien bedroht. Hintergrund dieser Situation ist, dass er aufgrund von Diebstahls- und Raubdelikten erst zu Sozialstunden, später zu einer achtmonatigen Bewährungsstrafe verurteilt wurde. Erschwerend kam der zwischenzeitliche Bezug von Sozialhilfe hinzu. Wegen seines unsicheren Aufenthaltsstatus wird Camal auch keine Arbeitserlaubnis erteilt. Er lebt damit in einer dauerhaft unsicheren Lebenssituation, auf die er subjektiv kaum Einfluss hat. In hohem Maße systemisch ausgegrenzt, bleibt ihm wenig anderes übrig, als abzuwarten. Dabei erlebt er sich den Behörden weitgehend ausgeliefert, versucht jedoch, seine Situation durch Ämtergänge und Anfragen zu verändern. Einen Anwalt kann er sich nicht leisten; Unterstützung findet er bei einer antirassistischen Initiative in Köln Ehrenfeld. Seine aktuelle Lebenssituation evaluiert er mit folgender Aussage: »Ich denke schon so, die Türen sind alle vor meinen Augen zu, vor meinen Augen, vor meinem Gesicht sind alle Türen zu. Und ich weiß nicht, was ich

2 | Dieses Interview entstand im Rahmen einer zwischen 1996 und 1999 durchgeführten Studie (vgl. Bukow/Nikodem/Schulze/Yildiz 2001).

jetzt machen soll. Und das ist das. Das, das ist das schlimmste Problem von meinem Leben«.

Er betont seine gesellschaftliche Zugehörigkeit, da er in der Bundesrepublik Deutschland geboren und weitgehend aufgewachsen ist und seine sozialen Bezüge einschließlich seiner gesamten Familie sich hier befinden. Ein Leben in Tunesien kann er sich deshalb nicht vorstellen.

Auf dem Ausländeramt – trotz dieser für ihn selbstverständlichen Zugehörigkeit – ebenso behandelt zu werden wie ein Flüchtling, erlebt Camal als Erniedrigung. Trotz Empathie für die schwierige Lebenssituation der Flüchtlinge besteht er auf einem von ihnen differenten rechtlichen Status, der ihm jedoch seitens der Ausländerbehörde abgesprochen wird. Die mit seinem Aufenthaltsstatus verknüpfte Verweigerung einer Arbeitserlaubnis (er berichtet von einem Arbeitsangebot, das an diesem Hindernis scheiterte) wirft ihn zurück auf finanzielle Unterstützung durch seine Eltern. Eigene finanzielle Ressourcen hat er kaum, einzelne musikalische Auftritte in Diskotheken ausgenommen. Damit wird er seinem eigenen Bild einer männlichen Normalbiographie nicht gerecht, sowohl innerfamiliär als auch im Hinblick auf die Gesellschaft.

Einen Ausweg aus dieser für ihn hoch belastenden und weitgehend aussichtslosen Situation bildet für ihn die Musik. Camal singt seit seiner Kindheit, weitgehend autodidaktisch hat er sich über Bücher ein musikalisches Wissen angeeignet und seine Stimme geschult. Einige Male hat er mit einer Gruppe zusammen gespielt, meist jedoch singt er allein. Er träumt von einer Karriere als Sänger.

Der Wunsch, seinen Lebensunterhalt mit Musik zu verdienen, eine Karriere als Sänger einzuschlagen, entdeckt und berühmt zu werden, bildet den Gegenpart und einen Fluchtpunkt zu seiner Realität, in der er in hohem Maße marginalisiert ist und die ihm wenig Optionen auf Verbesserung in absehbarer Zeit bietet. Er träumt den Traum vieler Jugendlicher, der gerade für (post-)migrantischen Jugendliche an Bedeutung gewonnen hat, betrachtet man die internationale Szene. Diese Branche verfolgt Camal aufmerksam; lange Passagen der Interviews sind geprägt von Berichten aus der Musikszene, insbesondere auch der Kölner Szene, zu der er Kontakte unterhält.

Eine Karriere als Musiker und so seinen Lebensunterhalt mit Musik zu verdienen, wäre für Camal die Verwirklichung seines Traums. Zugleich würde er sich damit seinem Bild einer männlichen Normalbiographie annähern, insofern er diese Vorstellung mit gesellschaftlicher

Anerkennung einerseits und finanziellen Ressourcen andererseits verbindet. ›Sänger zu sein‹ bildet für ihn einen Schnitt zu seiner jetzigen und vergangenen Lebenssituation, einen Neustart, nicht zuletzt auch im Hinblick auf seine Familie.

Doch Musik ist für Camal mehr als nur ein Ausweg aus seiner marginalisierten Lebenssituation. Mit seiner Orientierung an Black Music, vor allem HipHop und Soul, bietet ihm die Musik sowohl eine Identifikationsfläche als auch die Möglichkeit, seinen Erfahrungen Ausdruck zu verleihen. Seine Identifikation mit Black Music steht dabei zugleich in engem Bezug zu seinen eigenen Erfahrungen ethnischer Diskriminierung. Dies wird explizit, als er in einer langen Passage seinen Lieblingsfilm schildert, der das Leben von fünf schwarzen Musikern in den USA der 60er Jahre zum Inhalt hat. Neben deren Musik und musikalischer Entwicklungsgeschichte erzählt er dabei bewegend über ihre Erfahrungen rassistischer Ausgrenzung.

Er selbst sei in den letzten drei Jahren ein Einzelgänger gewesen. Zwar erwähnt er auch Freunde und Bekannte, jedoch bleiben sie im gesamten Interview eher schemenhaft. Mit seiner Abgrenzung gegen die alten Freunde einerseits und den gewünschten und gesuchten, jedoch eher flüchtig erscheinenden Kontakten in der Musikszene andererseits, sitzt er zwischen allen Stühlen. Zugleich strukturell weitgehend exkludiert, fasst er seine Lage mit den Worten zusammen: »Ja, ich hab echt nichts zu tun«.

Viel Zeit, so erzählt Camal, verbringe er in Plattengeschäften in der Innenstadt – Orte die seiner lebensweltlichen Orientierung an Musik und der Musikszene entsprechen. Auf diesen Orientierungsrahmen verweisen auch andere ihm wichtige Orte und Plätze, die er im Gespräch anführt, wie der HipHop-Laden, dessen Besitzer er kennt, oder der Mediapark, eine Anlage von Büro- und Wohnkomplexen, Kinos und Gastronomie, in der inzwischen diverse Medienschaffende, Fernsehsender und Musikunternehmen ansässig sind. Hier spaziert er häufig hin, um auf einer Bank zu singen (in der Hoffnung, so lässt sich vermuten, entdeckt zu werden).

Camal, der einige Jahre zuvor Mitglied einer Clique von Jugendlichen türkischer Herkunft war, verweist hier implizit auf ein Vorhandensein getrennter Jugendszenen, in denen nach ›Einheimischen‹ und ›Ausländern‹ getrennt wird, wenngleich in seinen Schilderungen auch eine gewisse Durchlässigkeit erkennbar ist.

Camal erwähnt einen Nachbarn, der seinen jüngeren Bruder und dessen Freunde regelmäßig beschimpft, wenn sie auf der Umrandung einer Grünfläche sitzen: »›Scheißkanaken, geht weg, ihr macht die Pflanzen kaputt.‹ Aber die machen auch nicht die Pflanzen kaputt. Die sitzen nur da auf diesem Eisenteil. Ja, und dann geht das immer so weiter, immer so weiter, bis dann irgendwann mal, ich denke, er war das auch. Er hat an Garage einfach: Türken Arschlöcher raus. Hat er einfach so geschrieben«.

Diese »richtigen Deutschen«, wie Camal sie nennt, seien hauptsächlich die älteren Leute. Er zieht damit eine weitere Differenz neben der ethnischen, nämlich die der Generation. Damit verweist er auf eine zweite Konfliktlinie, die der oben geschilderten Situation inhärent ist. Er selbst hat für sich die Strategie entwickelt, diese »richtigen Deutschen« nicht ernst zu nehmen. Er lasse sich in diesen Situationen auf keine Konfrontation ein, sondern gehe ihnen lieber aus dem Weg.

Die Diskriminierungserfahrungen nötigen zu besonderen Strategien des Umgangs, nicht nur im Kontext des alltäglichen, sondern ebenso im Hinblick auf den institutionell verankerten Rassismus. Dies veranschaulicht er anhand seiner Erlebnisse mit der Polizei, die ihn aufgrund seines äußeren Erscheinungsbildes häufiger überprüfe: »Wenn ich einfach so geradeaus fahre, und ich mach mich nicht irgendwie auffällig oder ich, ich weiß nicht, oder ich rede mit einem Obdachlosen oder so. Oder ich weiß nicht, bei so was, wenn man mit einem Obdachlosen, ich meine, ich hab nichts gegen Obdachlose. Aber nur wenn ich mich einfach mit ihm unterhalte, dann sagen die, aha, der verkauft irgendwas. Oder der macht irgendwas. Nein. Darum geh ich einfach geradeaus. Und einfach das war's«.

Diese Strategie des ›Unsichtbar-Machens‹ kann für Camal existentielle Bedeutung erlangen. Spätestens beim Verlassen des Landes Nordrhein-Westfalen, was ihm aufgrund seines Aufenthaltsstatus untersagt ist, kann eine solche Polizeikontrolle die Abschiebung bedeuten. Ihm, der in der Bundesrepublik Deutschland geboren und aufgewachsen ist, werden damit elementare Bürgerrechte verwehrt, eine örtliche Mobilität, die Kennzeichen einer kosmopolitanen Gesellschaft ist, untersagt.

Es wird deutlich, dass Camal sehr wohl präzise biographische Zielsetzungen formuliert, jedoch unter den restriktiven Bedingungen, unter denen er als Einwandererkind leben muss, nicht die geringste Möglichkeit sieht, seine biographischen Entwürfe zu verwirklichen.

Neben den schwierigen sozialen Bedingungen, denen er als Jugendlicher der Unterschicht ausgesetzt ist, wird seine Situation als postmigrantischer Jugendlicher zusätzlich noch »erstens durch eine exakt austarierte Unterschichtung, zweitens durch institutionelle Aufstiegsbarrieren und drittens durch eine über den politischen Diskurs ethnifizierte Gesamtstruktur von Gesellschaft geprägt« (Bukow 1996, 15). Seine gesellschaftliche Randposition ist durch diese Faktoren weitgehend vorbestimmt, woran auch die Realisierung seiner biographischen Konstruktion scheitert. In Camals Geschichte geraten diese biographischen Entwürfe an ganz bestimmten Stellen und in spezifischen Zusammenhängen ins Stocken. Zwar ist er ein wirklicher Protagonist der globalisierten Welt. Dazu gehört auch die starke Betonung seiner Individualität und eine klare biographische Zielsetzung (Musiker bzw. Sänger zu werden). Doch verhindern strukturelle Barrieren ihre Realisierung. Um so bewerkenswerter, dass er trotz der offiziellen Skandalisierung und seiner persönlichen Rückschläge diese biographische Orientierung nicht aufgibt.

Es sind keine ›ethnischen‹ Besonderheiten, sondern die feindseligen Bedingungen, mit denen er und seine Familie konfrontiert sind, die typisch sind für die Sozialisation postmigrantischer Jugendlicher. Die einheimische Bevölkerung reagiert gegenüber Einwanderung mit Distanz, oft mit Ablehnung, Diskriminierung und Rassismus und verhindert damit nicht nur den Aufbau einer offenen Migrationsgesellschaft, sondern desillusioniert damit gleichzeitig auch translokal agierende Jugendliche. Statt Camal mit seinen biographischen Orientierungen zu respektieren, wenn schon nicht zu unterstützen, reagiert die Umwelt ethnisierend und kriminalisierend. Unter solchen Bedingungen scheint ihm nichts anderes übrig zu bleiben, als aus seiner marginalen Lage heraus immer neue Strategien für seine Visionen zu entwickeln.

Abbildung 30: Passantinnen, Keupstraße, Köln

Resümee

In den drei vorgestellten biographischen Beispielen verdichten sich Kontexte und Elemente, die weit über das Lokale eines Stadtteils, einer Stadt oder eines Staates hinausreichen. Sie sind ambivalent, vielschichtig und widersprüchlich. Diese Kontexte bzw. Lebenssituationen formieren sich zu mentalen Landkarten oder, wie Martin Albrow sagt »Soziosphären« mit grenzüberschreitenden Dimensionen (vgl. Albrow 1997, 288ff.). Die Einbettung globaler Elemente in die eigenen Biographien hat sich mittlerweile soweit normalisiert, dass sie selbstverständlich geworden ist, auch wenn diese Tatsache offiziell marginalisiert und ausgeblendet wird.

(Post-)Migranten sind nicht ›die Fremden‹, die eine stabile Struktur verlassen, um in der Ankunftsgesellschaft integriert zu werden, sondern Menschen, die mit ihrer Außen- und Binnenperspektive zugleich dekonstruktiv auf die gängigen Vorstellungen und Konventionen wirken. In urbanen Räumen gestalten sich Grenzbiographien, die mit konventionellen Kategorien nicht zu fassen sind und daher offiziell als Problemfälle oder als mangelhaft gelten. Doch gerade diese ›Grenzbiographien‹, die in den urbanen Räumen entwickelt werden, sind ein deutlicher Hinweis darauf, dass Migrationsfolgen nicht im nationalstaatlichen Rahmen erfasst werden können.

Ein Blick auf die drei vorgestellten unterschiedlichen Lebensentwürfe legt nahe, dass die Jugendlichen – trotz skandalisierender Praktiken – in ihren konkreten Lebenszusammenhängen durchaus in der Lage sind, kreative Strategien zu entwickeln, um mit Diskriminierung umzugehen bzw. diese zu umgehen. Gegen soziale Ausgrenzung und Diskriminierung entwickeln sich neue Widerstandspotentiale. Dazu gehört auch der Versuch, sich mit ihrem ausgegrenzten und stigmatisierten Stadtviertel zu identifizieren, sich eine ›imaginäre Heimat‹ zu konstruieren. Dabei handelt es sich nicht um Importe aus den Herkunftsländern oder um nostalgische Erinnerungen, sondern um Traditionsbildungen, die aus den gegenwärtigen Kontexten heraus neu entstehen.

Diese Strategie der Lokalisierung, die man fast in allen deutschen Großstädten beobachten kann, dient dazu, sich gesellschaftlich und politisch zu artikulieren und zu positionieren (vgl. Niedermüller 2000, 24).

Zusammenfassend ist festzustellen: Bei der Skandalisierung von migrationsbedingter Mobilität haben wir es mit einer auffälligen Doppelmoral zu tun. Nach Ulrich Beck (1999, 545) wird im nationalstaatlichen Kontext zwischen Migration und Mobilität eine paradoxe Trennung vorgenommen. Einerseits werden Migrationsbewegungen innerhalb von Nationalstaaten Mobilität genannt und entsprechend honoriert, und andererseits gilt Mobilität zwischen Nationalstaaten (insbesondere Zuwanderung aus so genanten Drittstaaten) im Prinzip als unerwünschte Migration. Ertan, Nabaz, und Camal zählen zu jenen, deren Mobilität man mit Argwohn abzuwehren trachtet. Dass Flüchtlinge in den westeuropäischen Gesellschaften immer wieder pauschal als »getarnte Wirtschaftsimmigranten« (Sassen 1996, 18) verunglimpft werden, die Gründe ihrer Migration oder Flucht bagatellisiert werden und ihre Mobilität als Bedrohung westlichen Wohlstands gilt, gehört zu dieser doppelbödigen Strategie:

> »Die Dynamiken der Migration als Teil der eigenen Wirklichkeit zu akzeptieren (statt immer neue Phantasien der Kontrollierbarkeit zu schüren) und damit Abschied zu nehmen von der Fiktion nationaler Selbstgenügsamkeit, steht für die deutsche Mehrheitsgesellschaft noch immer aus – was zwangsläufig bedeutet, dass sie in der politischen und kulturellen Realität der Einwanderungsgesellschaft selbst noch nicht angekommen ist« (Römhild 2003, 18).

Im rasanten Prozess weltweiter Transformationsprozesse werden wir auch in Zukunft mit einer extensiven kulturellen und historischen Vielfalt und Hybridität konfrontiert sein, die sich gängigen Erklärungsmustern entzieht. Daher brauchen wir – analog zum Postkolonialismusdiskurs – eine ›postmigrantische Perspektive‹, d.h. einen neuen Blick auf die bisherige Migrationspraxis.

Migrationsprozesse und Migrationsbiographien werden auch in Zukunft das Leben in den Städten prägen, und nicht nur dort. Es ist höchste Zeit, konstruktiv damit umzugehen, solche Entwicklungen pragmatisch als urbane Ressourcen zu betrachten und sie in der Stadtentwicklungspolitik zu nutzen. Mark Terkessidis bringt es auf den Punkt:

»Die historischen Fäden verlaufen in alle möglichen Richtungen. [...] Was existiert, ist die gemeinsame Zukunft. Es ist egal, woher die Menschen kommen, die sich zu einem bestimmten Zeitpunkt in der Polis aufhalten. Wenn erst einmal die Zukunft im Vordergrund steht, dann kommt es nur darauf an, dass sie jetzt, in diesem Moment anwesend sind und zur gemeinsamen Zukunft beitragen« (2010, 220).

10. Urbanität und postmigrantische Lebensentwürfe

Das Postmigrantische präsentiert die Stimme der Migration, so wie das Postkoloniale die Stimme der Kolonisierten. Es macht marginalisierte Wissensarten sichtbar, wirkt irritierend auf nationale Mythen, zeigt neue Differenzauffassungen und erzeugt ein neues Geschichtsbewusstsein. Daher versteht es sich als eine politische Perspektive, die auch subversive, ironische Praktiken einschließt und in ihrer Umkehrung provokant auf hegemoniale Verhältnisse wirkt.

Die Migrationsgeschichte und deren Folgen werden neu erzählt, andere Bilder, Repräsentationspraktiken und andere Vorstellungen von Subjektivität, kurz gesagt, ein anderes urbanes Verständnis generiert. Etablierte Sichtweisen und Ordnungskonzepte geraten dadurch aus den Fugen. In diesem Kontext spricht Homi Bhabha von einem »innovativen Bruch mit der Gegenwart« (2000). Binäre Konstruktionen wie modern/traditionell, westlich/nichtwestlich, Ausländer/Inländer werden zunehmend fragwürdig.

Ähnlich wie im postkolonialen Diskurs bezeichnet die Vorsilbe ›post‹ in postmigrantisch nicht einfach einen Zustand des ›Danach‹ im Sinne einer Zeitfolge, sondern es geht um Neuerzählung und Neuinterpretation des Phänomens ›Migration‹ und deren Konsequenzen. Der postmigrantische Blick lässt neue Unterschiede zu Tage treten, die übliche Differenzauffassungen fraglich erscheinen lassen, bedeutet eine »radikale Revision der gesellschaftlichen Zeitlichkeit« (Bhabha 2000) und einen »Bruch mit der gesamten historiographischen Großnarrative« (Hall 1997).

Der konventionelle Migrationsdiskurs beschreibt Migrationsgeschichten als spezifische historische Ausnahmeerscheinungen, trennt zwischen Entwicklungen in Herkunfts- und Ankunftsländern, zwischen einheimischer Normalität und ›eingewanderten Problemen‹. Auf diese Weise haben sich bestimmte Konstruktionen wie ›Leitkultur‹, ›Integration‹ oder ›türkische Mentalität‹ etabliert und normalisiert.

Doch verlangt die heutige globale Situation die radikale Infragestellung der herkömmlichen Sicht auf Migration und so genannter abendländischer Werte, eröffnet neue Perspektiven auf die Welt. Die neuen globalen Öffnungsprozesse verweisen auf andere lokale Verortungspraxen, ermöglichen neue Lesarten und verlangen nach einem anderen Weltverständnis. Gerade durch Migrationsbewegungen entstehen neue urbane Konstellationen, Traditionen und kreative Lebensentwürfe, die sich in gängige Normen nicht einfügen lassen.

Auf Deutschland bezogen, heißt postmigrantisch zunächst, dass die deutsche Migrationsgeschichte neu erzählt wird. Der Blick richtet sich dann auf das Ungesagte, Unsichtbare und Marginalisierte, Migration wird zu einem konstitutiven Moment in der Geschichte der Bundesrepublik. Aus der postmigrantischen Perspektive geht es darum, ein neues Verständnis der Migration zu erzeugen und die Praxis der Migration und die damit verbundenen Erfahrungen und Kompetenzen aus der Binnensicht in den Vordergrund zu rücken. In diesem Zusammenhang muss auch die Geschichte der Gastarbeiterinnen und Gastarbeiter neu erzählt werden. Globale Orientierung, transnationale Netzwerke und der Beitrag von Migration zur Urbanisierung stehen jetzt im Mittelpunkt.

Die Kinder oder Enkelkinder der Gastarbeiter, die in Deutschland oder Österreich geboren und aufgewachsen sind, entwickeln neue Perspektiven und beginnen, ihre eigenen Geschichten zu erzählen. Darin setzen sie sich sowohl mit der Migrationsgeschichte ihrer Eltern und Großeltern als auch mit ihren eigenen Lebensbedingungen auseinander, entwickeln neue Lebensentwürfe und Strategien zur gesellschaftlichen Verortung. Auf diese Weise schaffen sie auch urbane Räume, die beschränkten Vorstellungen zu ›Migration‹ und ›Integration‹ entgegenstehen. Dieses neue Verständnis und die Strukturen, die daraus hervorgehen, könnte man als ›postmigrantisch‹ bezeichnen.

Jugendliche aus Migrationsfamilien sind es leid, ausschließlich als Problemfälle wahrgenommen zu werden. Sie sehen sich als Kölner, Berliner oder Wiener und entwickeln eine provokante autonome ›Kanakenkultur‹ oder ›Tschuschenkultur‹ (vgl. Yildiz 2010). Im Gegensatz zu öffentlichen Debatten, in denen solche Praktiken automatisch als Problemfälle gelten, können sie ebenso gut als Potentiale, als Kompetenzen, als kulturelles Kapital betrachtet werden. Hier schließe ich an Michel Foucault, Stuart Hall und Judith Butler an, die die subversive Dimension des Handelns, die darin enthaltenen Widerstandspotentiale in den Mittelpunkt rücken. Es geht um eigensinnige Alltagspraktiken und Strategien und deren Relevanz für Lebenspraxis und gesellschaftliche Verortung.

Postmigrantische Lebensentwürfe

Migranten der zweiten und dritten Generation, die selbst nicht eingewandert sind, beginnen ihre eigenen Geschichten zu erzählen. Darin werden unterschiedliche Elemente zu hybriden Lebensentwürfen zusammengefügt, ergeben kulturelle Überschneidungen, Irritationen, Grenz- und Zwischenräume und simultane Zugehörigkeiten. Ihre Lebenswirklichkeit deutet darauf hin, dass sie mit den von außen zugeschriebenen ethnischen Sortierungen kreativ und subversiv umzugehen wissen. Die vermeintliche Herkunftskultur wird von ihnen praktisch neu erfunden, indem sie eigene imaginäre Bezugsräume entwerfen (vgl. Appadurai 1998, 13).

Aus der Auseinandersetzung mit der Migrationsgeschichte ihrer Eltern und mit der Gesellschaft, in der sie aufgewachsen sind, entstehen neue symbolische Welten. Diese Rekonstruktionsarbeit fungiert als eine Art ›Erinnerungsarchäologie‹, in der Geschichten, die bisher nicht erzählt, bagatellisiert oder abgewertet wurden, in das öffentliche Gedächtnis geholt werden. Auf diese Weise werden binäre Zuordnungen aufgebrochen und neue Perspektiven auf die Migrationsgesellschaft eröffnet, wie sie der deutsch-türkische Schriftsteller Feridun Zaimoglu zum Ausdruck bringt:

»Immer noch die irrige Idee von zwei Kulturblöcken, die aufeinanderprallen. Entweder da drin oder dort drin oder dazwischen zerrieben [...]. Ich habe mich nie als ein Pendler zwischen zwei Kulturen gefühlt. Ich hatte auch nie eine Identitätskrise. Ich wusste vielmehr, dass es nicht eine deutsche, sondern viele Realitäten gibt« (Zaimoglu 2000, 46).

Abbildung 31: ›Baklava-Lieferung‹, Keupstraße, Köln

Der Filmemacher Fatih Akin, der in Hamburg geboren und aufgewachsen ist, präsentiert in seinen Filmen neue Perspektiven und Visionen und bietet Alternativen an, auf andere Art und Weise über Migration nachzudenken. In seinem Film »Auf der anderen Seite« (2007) geht es um verwobene Geschichten zweier Generationen von ›Türken‹ und ›Deutschen‹, Vermischungen, Überschneidungen, gelungene oder misslungene Bindungen und Verbindungen, die die Migrationsgesellschaft neu definieren und in einem anderen Licht erscheinen lassen. Starre Lebensentwürfe und nationale Räume werden verlassen und der Fokus richtet sich auf grenzüberschreitende menschliche Beziehungen und Verbindungen, zirkuläre Bewegungen in unterschiedlichen nationalen wie lokalen Kontexten zwischen der Türkei und Deutschland. Auf diese Weise wird die (post-)migrantische Praxis nicht nur neu interpretiert, sondern auch ein kulturelles Gedächtnis rekonstruiert.

Eine ähnliche Perspektive entwirft der in München aufgewachsene Autor und Schauspieler Emre Akal in seinem Theaterstück ›Die Schafspelzratten‹, das auf zahlreichen Gesprächen mit Immigranten der ersten, zweiten und dritten Generation basiert. Aus diesen Gesprächen und seinen Erfahrungen als Kind türkischer Einwanderer entwickelte er die Figuren und Sprache des Theaterstückes. Hier werden widersprüchliche Geschichten zwischen Generationen sichtbar, die bewusst Authentizität und Eindeutigkeit in Frage stellen und festgefahrene Wahrnehmungsmuster wie ›Migranten‹ und ›Einheimische‹ durcheinander bringen.

An konkreten biographischen Beispielen möchte ich nachfolgend zeigen, dass die Jugendlichen in ihren Lebenszusammenhängen durchaus in der Lage sind, neue Visionen, Strategien, räumliche Bezüge und Widerstandspotentiale zu entwickeln, in denen sie sich mit ihren gesellschaftlichen Lebensbedingungen auseinandersetzen. In solchen Zwischen-Räumen entwickeln Jugendliche hybride Lebenskonstruktionen, in denen sie Vergangenheit nicht passiv übernehmen, sondern sich aktiv mit ihr auseinandersetzen. In den biographischen Brüchen und Widersprüchen werden andere Geschichten, Sprachen und Lebensentwürfe nachvollziehbar. ›Das Leben zwischen Welten‹ wird zur passenden Metapher für kreative, teils subversive Grenzbiographien. Grenzen werden von Barrieren zu Schwellen, Orten des Übergangs, der Bewegung.

Unterschiedliche Verortungspraktiken werden dabei sichtbar. Einige Jugendliche identifizieren sich mit den territorial stigmatisierten Stadtvierteln, in denen sie geboren und aufgewachsen sind. Andere setzen sich mit der Migrationsgeschichte der Eltern bzw. Großeltern kritisch auseinander und generieren neue Erzählungen. Es gibt Jugendliche und Heranwachsende, die mit den zugeschriebenen Klischees kreativ, provokativ und ironisch umgehen, sie umdeuten und daraus widerständige Praktiken entwickeln. Bei anderen wiederum wird die ›Selbstethnisierung‹ zu einem politischen Moment. Einige Jugendliche und Heranwachsende positionieren sich bewusst zwischen und in unterschiedlichen Welten und sehen das als ihre Stärke.

Ein Beispiel für die zuvor genannte Strategie der Identifizierung mit stigmatisierten Stadtvierteln ist Köln-Chorweiler, eine Hochhaussiedlung, die nach dem Zweiten Weltkrieg im Kölner Norden entstanden ist. Heute leben dort mehrheitlich (Post-)Migranten. Es handelt sich um einen Stadtteil mit schlechtem Ruf, der im öffentlichen Diskurs als ›Ausländerghetto‹ wahrgenommen wird. Die Gespräche mit den Jugendlichen zeigen, dass sie das Leben in ihrem Stadtteil positiv bewerten und ihr ›Veedel‹ verteidigen. Ein Jugendlicher, der im Stadtteil geboren und aufgewachsen ist, beschreibt Chorweiler als »Heimat«, als »Religion«, als »Lebensgefühl«. Ein anderer, der sich als Künstler und Musiker vorstellt, setzt sich mit der Migrationsgeschichte seiner Eltern, mit den Lebensbedingungen vor Ort und mit dem negativen Image des Viertels auseinander und versucht dabei, seine persönlichen Erfahrungen zum Ausdruck zu bringen. Er möchte als Teil der Gesellschaft und als Musiker in seiner eigenen Normalität anerkannt werden.

Hakan, ein Rapper aus Köln-Mülheim, fragt sich, warum ein Leben in unterschiedlichen Welten so problematisch sein soll. Er meint: »Viele suchen nach einem Punkt, von dem aus sie sich orientieren können. Ich glaube, so einen Punkt braucht man gar nicht«. Er rappt von den Problemen der zweiten und dritten Generation, vom Leben der jungen Deutsch-Türken in Köln und thematisiert das Leben mit verschiedenen Identitäten. Er wundert sich, warum der Stadtteil einen so schlechten Ruf hat.

Andere Jugendliche aus dem Kölner Stadtteil Porz rappen, um auf die Probleme in ihrem Viertel aufmerksam zu machen. »Wir sind Vorstadtkids, wir atmen Beton«, singt einer von ihnen.

Gerade die HipHop-Szene wird für die Jugendlichen zu einem Sprachrohr in der globalisierten Welt. Hier mangelt es nicht an Phantasie und Kreativität. In den Liedern geht es darum, dass ihre Lebenswirklichkeit keine Anerkennung findet. Gerade die musikalische Praxis der Gruppen zeigt, wie unterschiedliche, scheinbar dissonante Elemente genutzt, mit lokalen Lebensbedingungen verknüpft werden und sich zu Lebensentwürfen verdichten.

Interessant ist auch der Versuch, die Stigmatisierung von Migrantenvierteln als ökonomische Ressource nutzbar zu machen. Halit Özet, der im Duisburger Stadtteil Marxloh, genannt ›Klein-Istanbul‹, aufwuchs, nennt diesen Stadtteil eine »kreative Parallelgesellschaft«. Im negativen Image des Stadtviertels sieht Halit, der mit einem Kollegen eine Film- und Fernsehproduktionsfirma in Marxloh gegründet hat, viele schöpferische Potentiale. Ethnische Klischees und Stigmatisierung sollen als Chance und Geschäftsidee genutzt werden. Marxloh wird als Marke inszeniert. Halit Özet ist stolz darauf, ein Marxloher zu sein. Er sei eben ›Made in Marxloh‹, so wie es auf dem Logo steht, das er und seine Freunde als Button tragen – ein Zeichen ihrer symbolischen Identität.

Eine weitere postmigrantische Verortungsstrategie ist ›Selbstethnisierung‹, die zum Teil »als ein strategisch-politisches Moment« (Gutiérrez Rodríguez 1999, 171) gegen Prozesse der Fremddefinition eingesetzt wird. Diese symbolische Identifikation mit vermeintlichen Traditionen der Herkunftsländer ihrer Eltern oder Großeltern ist eine gezielte Reaktion auf die strukturellen Machtverhältnisse. Man kann das an der kontrovers diskutierten Kopftuchthematik demonstrieren. Viele junge Frauen, die in Deutschland oder Österreich geboren und aufgewachsen sind, tragen nicht ausschließlich aus streng religiösen Motiven Kopftücher, wie ihnen immer wieder unterstellt wird, vielmehr übernehmen sie die von außen zugeschriebenen Eigenschaften und drehen sie in ihrer Funktion um. Diese Strategie des Sichtbarmachens markiert »neue Formen des Selbstverständnisses und der Verortung« (ebd., 253). Zwischen Selbst- und Fremdethnisierung existiert ein kompliziertes Wechselverhältnis. Frauen, die nicht anerkannt und diskriminiert werden, stilisieren sich selbst als Fremde und stellen sich polemisch der Gesellschaft entgegen, deren Bestandteil sie sind. Diese Strategie könnte man als ›reflexive Fremdheit‹ bezeichnen.

Ein ursächlicher Aspekt in diesem Zusammenhang ist die Reduktion von Jugendlichen auf ihre so genannte Herkunftskultur, eine Praxis, die in der Fachliteratur als »Herkunftsdialog« (Battaglia 2000) bezeichnet wird. Dieser reduktionistische Umgang zeigt sich im Gespräch mit Mustafa, dessen Eltern als Gastarbeiter Anfang der 1970er-Jahre nach Köln kamen. Er sagt: »Obwohl ich hier geboren und aufgewachsen bin, werde ich immer wieder gefragt, wo ich herkomme. Wenn ich sage, ›Ich komme aus Köln‹ oder ›Ich bin Deutscher‹, dann wird man gefragt, ›Aber woher kommen deine Eltern?‹. Um diese Dialoge zu vermeiden, sage ich dann, ›Ich bin Türke‹, ›Ich komme aus der Türkei‹«. Auch das folgende Beispiel zeigt, wie ein Herkunftsdialog funktioniert und wie der Betroffene darauf reagiert:

»Wenn man mich fragt, wo ich herkomme, antworte ich: ›Aus Kassel‹. Manche Leute glauben, dass in dieser Auskunft ein Versuch steckt, witzig zu sein. Andere vermuten darin eine Abwehr. Sie halten für möglich, dass ich mich von ihrer Frage belästigt fühlen könnte. Die Wahrheit ist einfacher. Ich komme tatsächlich aus Kassel, und das hat für mich mehr Gewicht als die Tatsache, dass mein leiblicher Vater kein Deutscher war« (Jamal Tuschick, Vaterländer: in *Frankfurter Rundschau Magazin* vom 14.7.2001).

Die Beispiele zeigen, dass in so einem ›Herkunftsdialog‹ nicht mit Individuen kommuniziert wird, sondern mit den bekannten Klischees. Menschen werden von vornherein als Repräsentanten ihrer angeblichen Herkunftskultur verstanden. In solchen Situationen findet zugleich eine »Entantwortung« statt, wie Mark Terkessidis (2010, 83) diesen Umgang nennt: »Was eine Person sagt oder tut, gilt nicht mehr als individueller Ausdruck, sondern als Artikulationen [...] des ›Südländischen‹«.

Kommen wir auf die ›postmigrantischen Strategien‹ der Jugendlichen zurück: die kreative, ironische und subversive Nutzung zugeschriebener Merkmale. Der Name ›Kanak Attak‹, ein loses Bündnis postmigrantischer Jugendlicher und Heranwachsender in Deutschland, eine Art soziale Bewegung, bezeichnet eine solche subversive Umwendung, die aus der hegemonialen Zuschreibung ›Kanake‹ mittels ironischer Umdeutung eine positive Selbstdefinition macht: Auf diese Weise werden Räume des Widerstands gegen eine hegemoniale Normalisierungspraxis und gegen die ›Kanakisierung‹ bestimmter Gruppen geschaffen. Dieser Widerstand besteht in der Absicht, das vorherrschende Wissen der Dominanzgesellschaft in einem Prozess kreativer Auseinandersetzung zu dekonstruieren. So wird in dem von Kanak-TV gedrehten Kurzfilm »Weißes Ghetto Köln-Lindenthal« die gewöhnliche Wahrnehmung umgekehrt und der als konservativ und ›ausländerfrei‹ bekannte teure Stadtteil als ›Problemviertel‹ dargestellt – eben als weißes Ghetto bzw.

Parallelgesellschaft, als Abweichung von der städtischen Normalität. Die Anwohnerinnen und Anwohner wurden befragt, wie es sich in so einem ›einheimischen, weißen Ghetto‹ lebe und welchen Problemen sie begegnen. Kaum einer verstand die Frage, sie löste Reaktionen von Erstauen bis Ärger und Abwehr aus.

Ein anderes Beispiel für diese subversiv ironische Umdeutung oder Transkodierung, wie Stuart Hall es nennt, ist das Weblog »Migrantenstadl«. Das Selbstverständnis der Autorinnen und Autoren lautet: »migrantenstadl ist ein blog von und für grenzüberschreitende dadaisten und textterroristen, mit provokativen, subjektiven und politischen ansichten und geschichten aus dem migrantenmilieu und darüber hinaus, in münchen und anderswo. migrantenstadl ist die stimme mitten aus der peripherie«. Ein Autor des Blogs definiert sich als »gebürtiger Schwabe mit palästinensischem Migrationshintergrund«, zurzeit sei er damit beschäftigt, »sich zu integrieren«. Eine andere Autorin stellt sich als »bekennende Gastarbeitertochter mit tscherkessisch-türkischem Hintergrund« vor. Als Reaktion auf die aktuell veröffentlichte Studie »Lebenswelten junger Muslime in Deutschland«, die im Auftrag des Bundesinnenministeriums des Inneren (BMI) durchgeführt wurde, fordern die Autoren des Migrantenstadl eine ergänzende Studie über »Lebenswelten junger Christen in Deutschland«.

Die genannten Beispiele zeugen davon, dass die Jugendlichen und Erwachsenen der zweiten und dritten Generation sich nicht passiv in eine Opferrolle fügen, sondern gegen Dominanzverhältnisse aufbegehren. Solche Alltagsstrategien dienen dazu, sich mit der eigenen Lebenswirklichkeit auseinanderzusetzen und ihr einen positiven Sinn abzugewinnen. Durch die Erzählung neuer Geschichten und die Umdeutung zugeschriebener Negativmerkmale werden einerseits Machtverhältnisse offengelegt und andererseits eine Anerkennung gleichzeitiger und widersprüchlicher Lebenswirklichkeiten gefordert. In diesem Sinn ist das Postmigrantische implizit herrschaftskritisch und wirkt politisch provokativ und irritierend auf nationale Erzählungen und Deutungsmuster.

Was die Umkehrung negativer Zuschreibungen und deren ironische Umdeutung betrifft, spricht Stuart Hall von »Transkodierung«. Nach seiner Überzeugung können Bedeutungen niemals endgültig festgelegt und kontrolliert werden. Transkodierung meint die Aneignung und Re-Interpretation, kurz die Umdeutung, bestehender Begriffe und Wissensinhalte (vgl. Hall 1994a, 158). In den von mir aufgeführten Beispielen wurden Stereotypen ironisch inszeniert, binäre Gegensätze auf den Kopf gestellt, indem der marginalisierte Begriff privilegiert wird, um durch positive Identifikation negative Klischees auszuräumen.

Abbildung 32: ›Urban Culture‹, Beyoglu Café, Weidengasse, Köln

Durch solche Verortungspraktiken werden mehrdeutige lokale Räume geschaffen, in denen unterschiedliche Traditionen, Kulturen, Erinnerungen und Erfahrungen kombiniert und kultiviert werden. Das ›Leben zwischen unterschiedlichen Kulturen und Welten‹ wird nicht als ›Identitätsdefekt‹ oder schizophrene Situation betrachtet, sondern positiv in Szene gesetzt. Gerade die Fähigkeit zwischen oder in unterschiedlichen Welten denken und handeln zu können, macht die besondere Kompetenz der Bewohnerinnen und Bewohner in der weltoffenen Stadt aus.

Postmigrantische Orte als Transtopien

Indem die Nachkommen der Zuwandererinnen und Zuwanderer ihre Migrationsgeschichte neu erzählen, neue Perspektiven aufzeigen, sich mit den Lebensbedingungen vor Ort auseinandersetzen, negative Zuschreibungen subversiv und ironisch umdeuten, schaffen sie sich ihre eigenen urbanen Räume, *Transtopien*, in denen unterschiedliche, widersprüchliche, mehrdeutige, lokale wie grenzüberschreitende Elemente miteinander verknüpft werden und sich zu urbanen Strukturen und Kommunikationsformen verdichten. Transtopien sind Orte des Übergangs, an denen marginalisierte Akteure und Wissensarten ins Zentrum der Betrachtung rücken, privilegiert, zum Teil auch kultiviert werden, Orte, an denen herrschende Normen in Frage gestellt und eine andere urbane Selbstverständlichkeit erzeugt wird.

Transtopien können im übertragenen Sinn Denkräume, virtuelle Räume und postmigrantische Lebensentwürfe bezeichnen, wie sie schon vorgestellt wurden. Nachfolgend handelt es sich um Transtopien im physischen Wortsinn.

Das postmigrantische Theater in Berlin-Kreuzberg ›Ballhaus Naunynstrasse‹ sieht sich innerhalb der hiesigen Theaterlandschaft eher als Bruchstelle und als ein alternatives Konzept zur ›Hochkultur‹. In den im Ballhaus inszenierten Stücken wird bewusst mit Klischees, stigmatisierenden und ethnisierenden Deutungsmustern gespielt. Neue Bilder und Deutungen im Kontext von Migration werden sichtbar und die postmigrantische Strategie als eine Empowerment-Strategie verstanden. Gängige Begriffe, Deutungen und Konstruktionen werden bewusst ›transkodiert‹.

Das Café Secondas in Basel verfolgt ein ähnliches Ziel. Nach Randalen postmigrantischer Jugendlicher am 1. Mai 2002 tauchte zum ersten Mal die Bezeichnung ›Secondos‹ für die zweite Generation – etwas später auch der Begriff ›Secondas‹– in den Schweizer Medien auf. Bald wurde dieses Label von den Jugendlichen angeeignet und positiv besetzt. Sie gründeten das Café ›Secondas‹ in Basel, das sich als ein Projekt für und von ›Secondas‹ versteht und sich nur an Frauen richtet. Es ist eine Plattform für neue Perspektiven und Visionen. Die Frauen identifizieren sich mit dem Seconda-Dasein und entwickeln daraus ein politisches Konzept der Empowerment- und Antirassismusarbeit.

Auch die ›Import-Export-Bar‹ im Münchner Bahnhofsviertel greift mit ihrem Namen ein urbanes Symbol auf. Im Rahmen des Munich

Central Projekts der Münchner Kammerspiele gestalteten Künstler und Kreative einen früheren türkischen Gemüseladen zu einer Bar um, ein Lokal mitten im belebten, migrationsgeprägten Bahnhofsviertel. Der Laden wird in der Presse als »Kreative Kraft aus dem Nichts« bezeichnet. Tuncay Acar, von dem die Idee stammt und der in München geboren und aufgewachsen ist, kann dem Begriff ›Migrant‹ allerdings nicht viel abgewinnen. In einem Gespräch bezeichnete er die Wortschöpfung ›Migrationshintergrund‹ als eine »Zylinderkopfdichtung«. »Man macht damit Menschen zu einem Apparat. Da habe ich's lieber, wenn man mich als Kanake bezeichnet. Das ist wenigstens ehrlich«. In der Import-Export-Bar finden Konzerte, Musikveranstaltungen und Theateraufführungen statt, in denen Musikgruppen und Künstler aus aller Welt auf lokale Szenen treffen. Bei Lesungen und Diskussionsrunden werden neue Perspektiven und Visionen zum Thema ›Migration und Integration‹ entwickelt.

Ebenso unkonventionell und in ironischer Umdeutung eines Schlagworts verortet sich die ›Integrier-Bar‹ in München. Sie entstand auf Initiative eines informellen Netzwerks von Wissenschaftlern, Künstlern und Aktivisten. Mit dem Wortspiel des Namens wird das öffentliche Gezeter um Integration bzw. ›Nichtintegrierbarkeit‹ auf die Schippe genommen. Unter diesem Namen werden in einer Galerie im Bahnhofsviertel, in der gezielt (post-)migrantische Kunstwerke ausgestellt werden, Veranstaltungen zu Fragen von Migration, Integration und Rassismus organisiert. Die ›Integrier-Bar‹ versteht sich als eine Plattform, auf der Themen diskutiert, Geschichten erzählt und Wissensformen sichtbar gemacht werden, die in der medial inszenierten Wirklichkeit entweder nicht vorkommen oder abgewertet werden. Ein Ziel der ›Integrier-Bar‹ ist es, öffentliche Aufmerksamkeit für gesellschaftlich erzeugte Ungleichheit zu erlangen und deren Entstehungsbedingungen kritisch zu reflektieren.

Initiativen wie die vorgestellten – Migrantenstadl, Import-Export oder Integrier-Bar – öffnen den Blick für urbane Vielfalt, regen zu kritischem Denken an. Als künstlerische Ausdruckformen inspirieren sie uns durch neue, überraschende Sichtweisen, eröffnen Möglichkeitsräume und verbinden auf diese Weise die Stadt mit der Welt.

Literatur

Albrow, Martin (1997): Auf Reisen jenseits der Heimat. Soziale Landschaften in einer globalen Stadt. In: Beck, Ulrich (Hg.): Kinder der Freiheit. Frankfurt a.M., S. 288-314.

Albrow, Martin (1998): Abschied vom Nationalstaat. Frankfurt a.M.

Ålund, Aleksandra (2003): Buch, Brot und Denkmal – »Ethnic Memory« bei jugendlichen Migrantinnen der 2. Generation. In: Apitzsch, Ursula/Jansen, Mechtild M. (Hg.): Migration, Biographien und Geschlechterverhältnisse. Münster, S. 38-64.

Apitzsch, Ursula (1996): Biographien und berufliche Orientierung von Migrantinnen. In: Kersten, Ralph/Kiesel, Doron/Sargut, Sener (Hg.): Ausbilden statt Ausgrenzen. Jugendliche ausländischer Herkunft in Schule, Ausbildung und Beruf. Frankfurt a.M., S. 133-149.

Apitzsch, Ursula (2001): Leben in der Stadt: Der »Modernisierungsvorsprung« der allochthonen Bevölkerung. In: Bukow, Wolf-Dietrich/Nikodem, Claudia/Schulze, Erika/Yildiz, Erol (Hg.): Auf dem Weg zur Stadtgesellschaft. Die multikulturelle Stadt zwischen globaler Neuorientierung und Restauration. Opladen, S. 44-55.

Apitzsch, Ursula (2003): Migrationsbiographien als Orte transnationaler Räume. In: Apitzsch, Ursula/Jansen, Mechtild M. (Hg.): Migration, Biographie und Geschlechterverhältnisse. Münster, S. 65-80.

Appadurai, Arjun (1998): Globale ethnische Räume. In: Beck, Ulrich (Hg.) Perspektiven der Weltgesellschaft. Frankfurt a.M., S. 11-40.

Augé, Marc (1995): Krise der Identität oder Krise des Andersseins? Die Beziehung zum Anderen in Europa. In: Kaschuba, Wolfgang (Hg.): Kulturen – Identitäten – Diskurse. Perspektiven Europäischer Ethnologie. Berlin, S. 100-113.

Aygen, Zeynep (2002): Quo Vadis Istanbul? Ein Rückblick in die Zukunft. In: Berking, Helmuth/Faber, Richard (Hg.): Städte im Globalisierungsdiskurs. Würzburg, S. 113-133.

Bachtin, Michail M. (1987): Rabelais und seine Welt: Volkskultur als Gegenkultur. Frankfurt a.M.

Bade, Klaus J. (2002): Europa in Bewegung. Migration in Geschichte und Gegenwart. München.

Bayer, Natalie/Engl, Andrea/Hess, Sabine/Moser, Johannes (Hg.) (2009): Crossing Munich. Beiträge aus Kunst, Wissenschaft und Aktivismus. München.

Bahrdt, Hans Paul (1961): Die moderne Großstadt. Soziologische Überlegungen. Hamburg.

Battaglia, Santina (2000): Verhandeln über Identität. Kommunikativer Alltag von Menschen binationaler Abstammung. In: Frieben-Blum, Ellen u.a. (Hg.): Wer ist fremd? Ethnische Herkunft, Familie und Gesellschaft. Opladen, S.183-202.

Bauman, Zygmunt (1991): Moderne und Ambivalenz. In: Bielefeld, Uli (Hg.): Das Eigene und das Fremde. Neuer Rassismus in der Alten Welt? Hamburg, S. 23-49.

Bauman, Zygmunt (1992): Moderne und Ambivalenz. Das Ende der Eindeutigkeit. Frankfurt a.M.

Bauman, Zygmunt (1998): Globalization: The Human Consequence. New York.

Bauman, Zygmunt (2003): Flüchtige Moderne. Frankfurt a.M.

Baumann, Gerd (1998): Ethnische Identität als duale diskursive Konstruktion. In: Assmann, Friese (Hg.): Identitäten: Erinnerung, Geschichte, Identität. 3. Auflage. Frankfurt a.M., S. 288-313.

Beck, Ulrich (1994): Nationalismus oder das Europa der Individuen. In: Beck, Ulrich/Beck-Gernsheim, Elisabeth (Hg.): Riskante Freiheiten. Frankfurt a.M., S. 466-481.

Beck, Ulrich(1997): Was meint »eigenes Leben«? In: Beck, Ulrich/Erdmann, Ulf/Rautert, Timm (Hg.): Eigenes Leben. Ausflüge in die unbekannte Gesellschaft, in der wir leben. München, S. 9-30.

Beck, Ulrich (1997a): Das fremde eigene Leben – Globalisierung und Politisierung der Lebensführung. In: Beck, Ulrich/Erdmann, Ziegler/Rautert, Timm (Hg.): Eigenes Leben. Ausflüge in die unbekannte Gesellschaft, in der wir leben. München, S. 38-43.

Beck, Ulrich (1999): Globalisierung als Unterscheidungsmerkmal der Zweiten Moderne. In: Schmidt, Gert/Trinczek, Rainer (Hg.): Globalisierung. Ökonomische und soziale Herausforderungen am Ende des zwanzigsten Jahrhunderts (Soziale Welt. Sonderband 13). Baden-Baden, S. 535-549.

Beck, Ulrich (2002): Macht und Gegenmacht im globalen Zeitalter. Neue Weltpolitische Ökonomie. Frankfurt a.M.

Beck, Ulrich (2003): Verwurzelter Kosmopolitismus: Entwicklung eines Konzeptes aus rivalisierenden Begriffsoptionen. In: Beck, Ulrich u.a. (Hg.): Globales Amerika? Die kulturellen Folgen der Globalisierung, Bielefeld, S. 25-43.

Deben, Leon/van de Ven, Jacques (2008): Fünfhundert Jahre Erfolg durch Immigration. Eine kurze Chronik Amsterdams. In: Yildiz, Erol/Mattausch, Birgit (Hg.): Urban Recycling. Migration als Großstadt-Ressource. Basel/Boston/Berlin, S. 42-51.

Beck, Ulrich/Bonß, Wolfgang/Lau, Christoph (2001): Theorie reflexiver Modernisierung – Fragestellungen, Hypothesen, Forschungsprogramme. In: Beck, Ulrich/Bonß, Wolfgang (Hg.): Die Modernisierung der Moderne. Frankfurt a.M., S. 11-59.

Becker, Jürgen (1992): Der Kölner Urmix. In: Becker, Jürgen/Stankowski, Martin (Hg.): Biotop für Bekloppte. Köln, S. 19-22.

Benhabib, Seyla (1999): Kulturelle Vielfalt und demokratische Gleichheit. Politische Partizipation im Zeitalter der Globalisierung. Frankfurt a.M.

Berding, Ulrich (2008): Migration und Stadtentwicklungspolitik: Eine Untersuchung am Beispiel ausgewählter Stadtentwicklungskonzepte. Saarbrücken.

Bergmann, Malte (2011): Die Sonnenalle in Berlin als Raum grenzüberschreitender Ökonomien. In: Bergmann, Malte/Lange, Bastian (Hg.): Eigensinnige Geographien. Städtische Raumaneignungen als Ausdruck gesellschaftlicher Teilhabe. Wiesbaden, S. 45-70.

Bergmann, Sven/Römhild, Regina (Hg.) (2003): Global Heimat. Ethnographische Recherchen im transnationalen Frankfurt. Frankfurt a.M.

Bergmann, Malte/Lange, Bastian (Hg.) (2011): Eigensinnige Geographien. Städtische Raumaneignungen als Ausdruck gesellschaftlicher Teilhabe. Wiesbaden.

Berking, Helmuth (1998): Global Flows and Local Cultures. Über die Rekonfiguration sozialer Räume im Globalisierungsprozess. In: Berliner Journal für Soziologie, Heft 3 1998, S. 381-392.

Berking, Helmuth (2001): Kulturelle Identitäten und kulturelle Differenz im Kontext von Globalisierung und Fragmentierung. In: Loch, Dietmar/Heitmeyer, Wilhelm (Hg.): Schattenseiten der Globalisierung. Frankfurt a.M., S. 91-110.

Berking, Helmuth (2002): Global Village oder urbane Globalität? Städte im Globalisierungsdiskurs. In: Berking, Helmuth/Richard Faber (Hg.): Städte im Globalisierungsdiskurs. Würzburg, S. 11-28.

Berking, Helmuth/Löw Martina (Hg.) (2005): Die Wirklichkeit der Städte. Baden-Baden.

Bhabha, Homi K. (2000): Verortungen der Kultur. Tübingen.

Berlin Institut für Bevölkerung und Entwicklung (Hg.) (2009): Ungenutzte Potentiale. Zur Lage der Integration in Deutschland. Berlin.

Bingemer, Karl/Meistermann-Seeger, Edeltrud/Neubert, Edgar (1969): Die Integration der Kölner Gastarbeiter (Auszug). Im Auftrage der Sozialverwaltung der Stadt Köln und der Deutschen Gesellschaft für sozialanalytische Forschung Köln.

Bittner, Jochen (2003): Ghetto im Kopf. In: *Die Zeit* vom 28. August 2003.

Blasberg, Marian/Uchatius, Wolfgang (2006): Ist die Rütli noch zu retten? In: *Die Zeit* vom 6. April 2006.

Blum, Elisabeth/Neitzke, Peter (2006): FavelaMetropolis. Berichte und Projekte aus Rio de Janeiro und Sao Paulo. Basel/Boston/Berlin.

Bourdieu, Pierre (1982): Die feinen Unterschiede. Frankfurt a.M.

Bourdieu, Pierre/Wacquant, Loic (1996): Reflexive Anthropologie. Frankfurt a.M.

Breckner, Ingrid (2007): Minderheiten in der Stadtentwicklung. In: Bukow, Wolf-Dietrich/Nikodem, Claudia/Schulze, Erika/Yildiz, Erol (Hg.): Was heißt hier Parallelgesellschaft. Zum Umgang mit Differenzen. Wiesbaden, S. 83-92.

Brubaker, Roger (2007): Ethnizität ohne Gruppen. Hamburg.

Brumlik, Micha (2008): Angst vor der Jugend. Der populistische Ruf nach »Erziehungscamps« offenbart die autoritären Sehnsüchte einer verunsicherten Gesellschaft. In: *Die Zeit* vom 10. Januar 2008.

Bukow, Wolf-Dietrich (1993): Leben in der multikulturellen Gesellschaft. Die Entstehung kleiner Unternehmer und der Umgang mit ethnischen Minderheiten. Opladen.

Bukow, Wolf-Dietrich (1996): Feindbild Minderheit: Zur Funktion von Ethnisierung. Opladen.

Bukow, Wolf-Dietrich (2010): Urbanes Zusammenleben. Studien zum Umgang mit migrationsspezifischer Mobilität in der europäischen Stadtgesellschaft. Wiesbaden.

Bukow, Wolf-Dietrich/Llaryora, Roberto (1998): Mitbürger aus der Fremde. Soziogenese ethnischer Minderheiten. 3. aktualisierte Auflage. Opladen.

Bukow, Wolf-Dietrich/Nikodem, Claudia/Schulze, Erika/Yildiz, Erol (2001): Multikulturelle Stadt. Von der Selbstverständlichkeit im städtischen Alltag. Opladen.

Bukow, Wolf-Dietrich/Yildiz, Erol (2002): Der Wandel von Quartieren in der metropolitanen Gesellschaft am Beispiel Keupstraße in Köln oder: Eine verkannte Entwicklung? In: Bukow, Wolf-Dietrich/Yildiz, Erol (Hg.): Der Umgang mit der Stadtgesellschaft. Ist die multikulturelle Stadt gescheitert oder wird sie zu einem Erfolgsmodell? Opladen, S. 81-111.

Bukow, Wolf-Dietrich/Jünschke, Klaus/Spindler, Susanne/Tekin, Ugur (2003): Ausgegrenzt, eingesperrt und abgeschoben: Migration und Jugendkriminalität. Opladen.

Bukow, Wolf-Dietrich/Nikodem, Claudia/Schulze, Erika/Yildiz, Erol (Hg.) (2007): Was heißt hier Parallelgesellschaft? Umgang mit Differenz. Wiesbaden.

Burke, Kenneth (1954): Permanence & Change: An Anatomy of Purpose. Los Altos/Californien.

Caglar, Ayse (1998): Verordnete Rebellion. Deutsch-türkischer Rap und türkischer Pop in Berlin. In: Mayer, Ruth/Terkessidis, Mark (Hg.): Globalkolorit. Kulturalismus und Populärkultur. St. Andrä/Wördern, S. 41-56.

Caglar, Ayse (2001): Die Verwirklichung des Medienkonsums deutscher Türken. In: Becker, Jörg/Behnisch, Reinhard (Hg.): Zwischen Autonomie und Gängelung. Türkische Medienkultur in Deutschland II. Rehburg-Loccum, S. 151-161.

Castel, Robert (2009): Negative Diskiminierung. Jugendrevolten in den Pariser Banlieues. Hamburg.

Castells, Manuel (1996): The Rise of the Network Society. Cambridge.

Castells, Manuel (2002): Das Informationszeitalter II. Die Macht der Identität. Opladen.

Colonia@Futura. Köln – Kulturhauptstadt Europas 2010. Die Bewerbung – 2. Teil Köln.

Csáky, Moritz (2010): Das Gedächtnis der Städte. Kulturelle Verflechtungen und die urbanen Milieus. Wien/Köln/Weimar.

Csáky, Moritz (2011): Migration – Kultur. Urbane Milieus in der Moderne. In: Marinelli-König/Preisinger (Hg.): Zwischenräume der Migration. Über die Entgrenzung von Kulturen und Identitäten. Bielefeld, S. 115-140.

Dannenbeck, Clemens/Eßer, Felicitas/Lösch, Hans (1999): Herkunft (er) zählt. Befunde über Zugehörigkeiten Jugendlicher. Münster u.a.

Dokumentation Keupstraße (1999): Veränderungsprozesse und Konfliktebenen in der Keupstraße. Köln.

Enzensberger, Hans Magnus (1992): Die große Wanderung. 33 Markierungen. Mit einer Fußnote »Über einige Besonderheiten bei der Menschenjagd«. Frankfurt a.M.

Espahangizi, Raika (2011): Migrantische Unternehmen in Köln. In: Löw, Martina/Terizakis, Georgios (Hg.): Städte und ihre Eigenlogik. Ein Handbuch für Stadtplanung und Stadtentwicklung. Frankfurt/New York, S. 57-68.

Goffman, Erwing (1994): Das Individuum im öffentlichen Austausch. Mikrostrukturen zur öffentlichen Ordnung. Frankfurt a.M.

Foucault, Michel (1973): Wahnsinn und Gesellschaft. Geschichte des Wahnsinns im Zeitalter der Vernunft. Frankfurt a.M.

Foucault, Michel (1978): Historisches Wissen der Kämpfe und Macht. In: Foucault, Michel: Dispositive der Macht. Über Sexualität, Wissen und Wahrheit. Berlin.

Giddens, Anthony (1995): Konsequenzen der Moderne. Frankfurt a.M.

Gillespie, Marie (1998): Geschmackshierarchien. Über Kleidungsstile asiatischer Jugendlicher in London. In: Mayer, Ruth/Terkessidis, Mark (Hg.): Globalkolorit. Kulturalismus und Populärkultur. St. Andrä/Wördern, S. 117-134.

Gillespie, Marie (1999): Fernsehen im multiethnischen Kontext. In: Hörning, Karl H./Winter, Rainer (Hg.): Widerspenstige Kulturen. Cultural Studies als Herausforderung. Frankfurt a.M., S. 292-338.

Gutiérrez Rodríguez, Encarnación (1999): Intellektuelle Migrantinnen – Subjektivitäten im Zeitalter von Globalisierung. Eine postkoloniale dekonstruktive Analyse von Biographien im Spannungsverhältnis von Ethnisierung und Vergeschlechtlichung. Opladen.

Ha, Kien Nghi (2007): Deutsche Integrationspolitik als koloniale Praxis. In: Ha, Kien Nghi/Al-Samarai, Nicola Laure/Mysorekar, Sheila (Hg.): Re/visionen. Postkoloniale Perspektiven von People of Color auf Rassismus, Kulturpolitik und Widerstand in Deutschland. Münster, S. 113-128.

Hahn, Alois (2000): Partizipative Identitäten. In: Hahn, Alois: Konstruktionen des Selbst, der Welt und der Geschichte. Frankfurt a.M., S. 13-79.

Hahn, Alois (2003): Inklusion und Exklusion. Zu Formen sozialer Grenzziehungen. In: Geisen, Thomas/Karcher Allen (Hg.): Grenze: Sozial – Politisch – Kulturell. Ambivalenzen in den Prozessen der Entstehung und Veränderung von Grenzen. Frankfurt a.M./London, S. 21-46.

Hall, Stuart (1994): Der Westen und der Rest: Diskurs und Macht. In: Hall, Stuart: Rassismus und kulturelle Identität. Ausgewählte Schriften 2. Hamburg, S. 137-179.

Hall, Stuart (1994a): Das Spektakel des ›Anderen‹. In: Hall, Stuart: Ideologie, Identität, Repräsentation. Ausgewählte Schriften 4. Hamburg, S. 108-166.

Hall, Stuart (1997): Wann war »der Postkolonialismus«? Denken an der Grenze. In: Bronfen, Elisabeth/Benjamin Marius/Therese Steffen (Hg.): Hybride Kulturen. Beiträge zur anglo-amerikanischen Multikulturalismusdebatte. Tübingen, S. 219-246.

Haberfellner, Regina/Koldas, Ayhan (2002): Chancen und Grenzen der Nische: Immigranten als Unternehmer in Wien. In: Fassmann, Heinz/Kohlbacher, Josef/Reeger, Ursula (Hg.): Zuwanderung und Segregation. Europäische Metropolen im Vergleich. Klagenfurt, S. 257-282.

Hamburger, Franz (2009): Abschied von der Interkulturellen Pädagogik. Plädoyer für einen Wandel sozialpädagogischer Konzepte. Weinheim-München.

Häußermann, Hartmut (2006): Die Krise der »sozialen Stadt«. Warum der sozialräumliche Wandel der Städte eine eigenständige Ursache für Ausgrenzung ist. In: Bude, Heinz/Willisch, Andreas (Hg.): Das Problem der Exklusion. Ausgegrenzte, Entbehrliche, Überflüssige. Hamburg, S. 294-313.

Heitmeyer, Wilhelm/Müller, Joachim/Schröder, Helmut (1997): Verlockender Fundamentalismus. Frankfurt a.M.

Heitmeyer, Wilhelm (1998): Versagt die »Integrationsmaschine« Stadt? Zum Problem der ethnisch-kulturellen Segregation und ihrer Konfliktfolgen. In: Heitmeyer, Wilhelm/Rainer Dollase/Otto Backes (Hg.): Die Krise der Städte. Analysen zu den Folgen desintegrativer Stadtentwicklung für das ethnisch-kulturelle Zusammenleben. Frankfurt a.M., S. 443-467.

Hillmann, Felicitas (2011): Marginale Urbanität – Eine Einführung. Hillmann, Felicitas (Hg.): Marginale Urbanität. Migrantisches Unternehmertum und Stadtentwicklung. Bielefeld, S. 9-22.

Hepp, Andreas (2000): Transkulturalität, Synkretismus und Lokalität. Auf dem Weg zu einer kritischen Betrachtung von Medien im globalen Kontext. In: Düllo, Thomas/Meteling, Arno/Suhr, André/Winter, Carsten (Hg.): Kursbuch Kulturwissenschaft. Münster, S. 187-209.

Hoerder, Dirk/Knauf, Diethelm (1992): Wanderungen in Europa und ihre Ausbreitung über die Welt. In: Hoerder, Dirk/Knauf, Diethelm (Hg.): Aufbruch in die Fremde. Europäische Auswanderung nach Übersee. Bremen, S. 9-26.

Holert, Tom/Terkessidis, Mark (2006): Fliehkraft. Gesellschaft in Bewegung – von Migranten und Touristen. Köln.

Ipsen, Detlev (2004): Babylon in Folge – wie kann der städtische Raum dazu beitragen, kulturelle Komplexität produktiv zu wenden. In: Siebel, Walter (Hg.): Die europäische Stadt. Frankfurt a.M., S. 253-269.

Jonuz, Elizabeta/Schulze, Erika (2011): Vielfalt als Motor städtischer Entwicklung. Das Beispiel der Keupstraße in Köln. In: Bukow, Wolf-Dietrich/Heck, Gerda/Schulze, Erika/Yildiz, Erol (Hg.): Neue Vielfalt in der urbanen Stadtgesellschaft. Wiesbaden, S. 33-48.

Kaminer, Wladimir (2002): Russendisko. München.

Kaschuba, Wolfgang (2001): Geschichtspolitik und Identitätspolitik. Nationale und ethnische Diskurse im Vergleich. In: Binder, Beate u.a. (Hg.): Inszenierungen des Nationalen. Geschichte, Kultur und die Politik der Identitäten am Ende des 20. Jahrhunderts. Köln u.a., S. 19-42.

Kaschuba, Wolfgang (2007): Wie Fremde gemacht werden. In: *Der Tagesspiegel* vom 14. Januar 2007.

Krämer-Badoni, Thomas (2002): Urbanität und gesellschaftliche Integration. In: Bukow, Wolf-Dietrich/Yildiz, Erol (Hg.): Der Umgang mit der Stadtgesellschaft. Ist die multikulturelle Stadt gescheitert oder wird sie zu einem Erfolgsmodell? Opladen, S. 47-62.

Krasny, Elke (2011): Ottakringer Straße_Balkanmeile. In: Dika, Antonia/Jeitler, Barbara/Krasny, Elke/Sirbegovic, Amila (Hg.): Balkanmeile:

Ottakringerstraße 24 Stunden. Lokale Identitäten und globale Transformationsprozesse. Ein Reiseführer aus Wien. Wien, S. 5-8.

Krau, Ingrid (2000): Integration und Segregation – Neue Qualitäten der Stadtentwicklung. In: Schmals, Klaus M. (Hg.): Migration und Stadt. Entwicklungen – Defizite – Potentiale. Opladen, S. 27-32.

Krüger-Potratz, Marianne (2005): Einführung in die Interkulturelle Bildung. Münster/New York/München/Berlin.

Kwok, Kim/Parzer, Michael (2009): Ethnizität als Ressource? Zum Umgang mit kulturellen Differenzen in migrantischen Kulturökonomien. In: Gebesmair, Andreas (Hg.): Randzonen der Kreativwirtschaft. Türkische, chinesische und südasiatische Kulturunternehmungen in Wien. Münster/Wien, S. 181-208.

Lanz, Stephan (2002): Mythos europäische Stadt – Fallstricke aktueller Rettungsversuche. In: Bukow, Wolf-Dietrich/Yildiz, Erol (Hg.): Der Umgang mit der Stadtgesellschaft. Ist die multikulturelle Stadt gescheitert oder wird sie zu einem Erfolgsmodell? Opladen, S. 63-77.

Lanz, Stephan (2007): Berlin aufgemischt. Abendländisch – multikulturell – kosmopolitisch? Die politische Konstruktion einer Einwanderungsgesellschaft. Bielefeld.

Le Goff, Jacques (1992): Geschichte und Gedächtnis. Frankfurt a.M.

Le Monde diplomatique (Hg.) (2003): Atlas der Globalisierung. Berlin.

Lemberger, Barbara (2011): Mobilität als Kapital. Zur Entstehung einer migrantisch-türkischen Mittelschicht in Deutschland (Berlin). In: Johler, Reinhard/Matter, Max/Zinn-Thomas, Sabine (Hg.): Mobilitäten. Europa in Bewegung als Herausforderung kulturanalytischer Forschung. Münster/New York/München/Berlin, S. 98-103.

Leggewie, Claus/AG SPoKK (1999): Kulturen der Welt – Weltkultur. Zur Einführung. In: Transit 17/1999: Kultur Politik Globalisierung, S. 3-11.

Leggewie, Claus (2003): Die Globalisierung und ihre Gegner. München.

Lefebvre, Henri (1972): Die Revolution der Städte. Berlin 2003.

Lindner, Rolf (2004): Walk on the Wild Side: Eine Geschichte der Stadtforschung. Frankfurt a.M./New York.

Löwer, Chris (2001): Fremd daheim. In: *DIE WOCHE* vom 4.05.2001.

Luhmann, Niklas (1971): Komplexität und Demokratie. In: Luhmann, Niklas: Politische Planung. Aufsätze zur Soziologie von Politik und Verwaltung. Opladen, S. 35-45.

Lutz, Helma (2000): Biographisches Kapital als Ressource der Bewältigung von Migrationsprozessen. In: Gogolin, Ingrid/Nauck, Bernhard

(Hg.): Migration, gesellschaftliche Differenzierung und Bildung. Opladen, S. 179-213.

Makropoulos, Michael (1997): Modernität und Kontingenz. München.

Mecheril, Paul (2004): Einführung in die Migrationspädagogik. Weinheim-Basel.

Mecheril, Paul (2011): Wirklichkeit schaffen: Integration als Dispositiv. In: Überblick 4/2011, Zeitschrift des Informations- und Dokumentationszentrums für Antirassismusarbeit in Nordrhein-Westfalen, S. 6-10.

Morley, David/Robins, Kevin (2002): Globalisierung als Identitätskrise. In: Hepp, Andreas/Löffelholz, Martin (Hg.): Grundlagentexte zur transkulturellen Kommunikation. Konstanz, S. 533-560.

Münkler, Herfried/Ladwig, Bernd (1998): Einleitung: Das Verschwinden des Fremden und die Pluralisierung der Fremdheit. In: Münkler, Herfried/Ladwig, Bernd (Hg.): Die Herausforderung durch das Fremde. Berlin, S. 11-25.

Musil, Robert (1994): Der Mann ohne Eigenschaften Bd. I. Erstes und Zweites Buch von Robert Musil und Adolf Friesé. Hamburg.

Nassehi, Armin (1999a): Der Fremde als Vertrauter. Soziologische Beobachtungen zur Konstruktion von Identitäten und Differenzen. In: Nassehi, Armin: Differenzierungsfolgen. Beiträge zur Soziologie der Moderne. Opladen, S. 179-201.

Nassehi, Armin (1999b): Fremde unter sich. Zur Urbanität der Moderne. In: Nassehi, Armin: Differenzierungsfolgen. Beiträge zur Soziologie der Moderne. Opladen, S. 227-240.

Nassehi, Armin (2001): Die Leitkulturdebatte: Eine Herausforderung für interkulturelle Studien. Festvortrag auf der Veranstaltung »Fünf Jahre FiSt« an der Universität Köln, 25. Januar 2001 (unveröffentlichtes Manuskript).

Neckel, Sighard (1994): Gefährliche Fremdheit. In: Ästhetik und Kommunikation Heft 85/86, S. 45-49.

Neckel, Sighard (1995): Die ostdeutsche Doxa der Demokratie. Eine lokale Fallstudie. In: KZfSS, H. 4/1995, S. 658- 680.

Neckel, Sighard/Sutterlüty, Ferdinand (2008): Negative Klassifikationen und die symbolische Ordnung sozialer Ungleichheit. In: Neckel, Sighard/Soeffner, Hans-Georg (Hg.): Mittendrin im Abseits. Ethnische Gruppenbeziehungen im lokalen Kontext. Wiesbaden, 15-26.

Neuhöfer, Manfred (1998): Überforderte Nachbarschaften: Eine Analyse von Siedlungen des sozialen Wohnungsbaus und die Wohnsituation von Migranten. In: Aus Politik und Zeitgeschichte, B 49/98, 27. November 1998, S. 35-45.

Niedermüller, Peter (2000): Öffentlichkeit und Urban Underclass. In: Wentz, Martin (Hg.): Die kompakte Stadt. Frankfurt a.M./New York, S. 119-125.

Ong, Aihwa (2005): Flexible Staatsbürgerschaften. Frankfurt a.M.

Orywal, Erwin (2007): Kölner Stammbaum. Zeitreise durch 2000 Jahre Migrationsgeschichte. Köln.

Ostermeyer, Ulrike (1998): Vorwort. In: Ostermeyer, Ulrike (Hg.): City Dreams. Stadtgeschichten. München.

Péraldi, Michel (1997): Sozialer Aufstieg auf eigene Rechnung: Vorstadtjugendliche von Marseille im informellen Handel. In: Brech, Joachim/Vanhué, Laura (Hg.): Migration. Stadt im Wandel. Darmstadt, S. 73-79.

Piening, Günter (2011): Stadtgeschichte als Migrationsgeschichte erkennbar machen. In: Der Beauftragte des Senats für Integration und Migration (Hg.): Stadt ist Migration. Die Berliner Route der Migration – Grundlagen, Kommentare, Skizzen. Berlin, S. 6-7.

Prigge, Walter (1997): Wie urban ist der digitale Urbanismus? In: Maar, Christa/Florian Rötzer (Hg.): Virtual Cities. Die Neuerfindung der Stadt im Zeitalter der globalen Vernetzung. Basel u.a., S. 49-54.

Pütz, Robert (2004): Transkulturalität als Praxis. Unternehmer türkischer Herkunft in Berlin. Berlin.

Pütz, Robert (2009): Perspektiven der »Transkulturalität als Praxis«. Unternehmer türkischer Herkunft in Berlin. In: Yildiz, Erol/Mattausch, Birgit (Hg.): Urban Recycling. Migration als Großstadt-Ressource. Basel/Boston/Berlin, S. 63-81.

Radtke, Frank-Olaf (1991): Lob der Gleich-Gültigkeit. Zur Konstruktion des Fremden im Diskurs des Multikulturalismus. In: Bielefeld, Uli (Hg.): Das Eigene und das Fremde. Neuer Rassismus in der Alten Welt? Hamburg, S. 79-96.

Rakoczy, Csaba Peter (2001): Die Legende UKB – Der Aufbruch in der Weidengasse. In: Biskup, Harald/Pazarkaya, Yüksel/Rakoczy, Csaba Peter./Türemis, Murat (Hg.): Weidengasse. Eine deutsch-türkische Straße in Köln. Köln, S. 34-35.

Rifkin, Jeremy (2006): Der europäische Traum. Die Vision einer leisen Supermacht. Frankfurt a.M.

Robertson, Roland (1998): Glokalisierung: Homogenität und Heterogenität in Raum und Zeit. In: Beck, Ulrich (Hg.): Perspektiven der Weltgesellschaft. Frankfurt a.M., S. 192-220.

Römhild, Regina (2003): Welt Raum Frankfurt. In: Bergmann, Sven/Römhild, Regina (Hg.): Global Heimat. Ethnographische Recherchen im transnationalen Frankfurt. Frankfurt a.M., S. 7-20.

Römhild, Regina (2009): Aus der Perspektive der Migration. Die Kosmopolitisierung Europas. In: Hess, Sabine u.a. (Hg.) No Integration?! Kulturwissenschaftliche Beiträge zur Integrationsdebatte in Europa. Bielefeld, S. 225-239.

Ronneberger, Klaus/Tsianos, Vassilis (2009): Panische Räume. Das Ghetto und die »Parallelgesellschaft«. In: Hess, Sabine/Binder, Jana/Moser, Johannes (Hg.): No Integration?! Kulturwissenschaftliche Beiträge zur Integrationsdebatte in Europa. Bielefeld, S. 137-152.

Said, Edward (1981): Orientalismus. Frankfurt a.M./Berlin/Wien.

Said, Edward (1990): Figures, Configurations, Transfigurations. In: Race & Class, Nr. 1, S. 16-22.

Sander, Uwe (1998): Die Bindung der Unverbindlichkeit. Frankfurt a.M.

Sassen, Saskia (1996): Migranten, Siedler, Flüchtlinge. Von der Massenwanderung zur Festung Europa. Frankfurt a.M.

Sassen, Saskia (2000): Dienstleistungsökonomien und die Beschäftigung von Migranten in Städten. In: Schmals, Klaus. M. (Hg.): Migration und Stadt. Entwicklungen – Defizite – Potentiale. Opladen, S. 87-114.

Schäffter, Ortfried (1997): Lob der Grenze. Grenzüberschreitendes Lernen im Kontextwechsel. In: Schäffter, Ortfried: Das Eigene und das Fremde. Lernen zwischen Erfahrungswelten. Aufsätze zu einer Theorie der Fremderfahrung. Berlin, S. 89-122.

Scherr, Albert (2000): Ethnisierung als Ressource und Praxis. In: Prokla 120. Zeitschrift für kritische Sozialwissenschaft, 30. Jahrgang, Nr. 3, S. 399-414.

Schiffauer, Werner (1997): Fremde in der Stadt: Zehn Essays über Kultur und Differenz. Frankfurt a.M.

Schiffauer, Werner (2001): Komplexe Ankunft. Köln (unveröffentlichtes Manuskript).

Schiffauer, Werner (2006): Transnationale Solidaritätsgruppen, Imaginäre Räume, Irreale Konditionalsätze. In: Berking, Helmuth (Hg.): Die Macht des Lokalen in einer Welt ohne Grenzen. Frankfurt a.M./New York, S. 164-180.

Schmals, Klaus M. (2000): Migration und Stadtplanung – Editorial. In: Schmals, Klaus M. (Hg.): Migration und Stadt. Entwicklungen – Defizite – Potentiale. Opladen, S. 9-26.

Schmidt, Dorothea (2000): Unternehmertum und Ethnizität – ein seltsames Paar. In: Prokla 120. Zeitschrift für kritische Sozialwissenschaft, 30. Jahrgang, Nr. 3, S. 353-362.

Schmidt, Siegfried J. (2000): Kalte Faszination. Medien, Kultur, Wissenschaft in der Mediengesellschaft. Velbrück.

Schmiz, Antonie (2011): Transnationalität als Ressource? Netzwerke vietnamesischer Migrantinnen und Migranten zwischen Berlin und Vietnam. Bielefeld.

Schmiz, Antonie (2011a): Marginale Ökonomie – Handlungsstrategien vietnamesischer GroßhändlerInnen in Berlin. In: Hillmann, Felicitas (Hg.): Marginale Urbanität. Migrantisches Unternehmertum und Stadtentwicklung. Bielefeld, S. 155-180.

Schroer, Markus (2005): Stadt als Prozess. Zur Diskussion städtischer Leitbilder. In: Berking, Helmuth/Löw Martina (Hg.): Die Wirklichkeit der Städte. Baden-Baden, S. 327-345.

Schütz, Alfred (1972): Der Fremde. Ein sozialpsychologischer Versuch. In: Schütz, Alfred: Gesammelte Aufsätze, Band 2: Studien zur soziologischen Theorie. Den Haag, S. 53-69.

Schütz, Alfred/Luckmann, Thomas (1990): Strukturen der Lebenswelt. Band 2 (2. Auflage). Frankfurt a.M.

Schwengel, Hermann (1999): Globalisierung mit europäischem Gesicht und die politische Form der Zukunft. Berlin.

Sennett, Richard (1998): Der flexible Mensch – Kultur des neuen Kapitalismus. Berlin.

Seukwa, Louis Henri (2006): Der Habitus der Überlebenskunst: Zum Verhältnis von Kompetenz und Migration im Spiegel von Flüchtlingsbiographien. Münster.

Simmel, Georg (1992): Soziologie. Untersuchungen über die Formen der Vergesellschaftung, Hg. von Otthein Rammstedt, Gesamtausgabe Band 2. Frankfurt a.M.

Der Spiegel 5/2009.

Der Spiegel 42/2009.

Der Spiegel 10/2002.

Spiewak, Martin (2006): Lehrplan für's Leben. Null Toleranz und Sprachferien: Es braucht Härte und Hilfe, um die Probleme der Schulen zu lösen. In: *Die Zeit* vom 6. April 2006.

Stienen, Angelika (Hg.) (2006): Integrationsmaschine Stadt? Interkulturelle Beziehungsdynamiken am Beispiel von Bern. Bern/Stuttgart/Wien.

Strasser, Sabine (2009): Bewegte Zugehörigkeiten. Nationale Spannungen, transnationale Praktiken und transversale Politik. Wien.

Süddeutsche Zeitung 8./9. Februar 2003.

Süddeutsche Zeitung 2./3. März 2002.

Tschernokoshewa, Elka (2005): Geschichten vom hybriden Leben: Begriffe und Erwahrungswege. In: Tschernokoshewa, Elka/Pahor, Marija Jurić (Hg.): Auf der Suche nach hybriden Lebensgeschichten. Theorie – Feldforschung – Praxis. Münster/New York u.a., S. 9-42.

Terkessidis, Mark (2004): Die Banalität des Rassismus. Migranten zweiter Generation entwickeln eine neue Perspektive. Bielefeld.

Terkessidis, Mark (2010): Interkultur. Frankfurt a.M.

Vattimo, Gianni (1992): Die transparente Gesellschaft. Wien.

Wacquant, Loic J.D. (1998): Drei irreführende Prämissen bei der Untersuchung der amerikanischen Ghettos. In: Heitmeyer, Wilhelm/Dollase, Rainer/Backes, Otto (Hg.): Die Krise der Städte. Frankfurt a.M., S. 194-210.

Wacquant, Loic (2006): Entzivilisieren und Dämonisieren. Die soziale und symbolische Transformation des schwarzen Ghettos. In: Wacquant, Loic: Das Janusgesicht des Ghettos und andere Essays. Basel/Boston/Berlin, S. 61-84.

Welsch, Wolfgang (1991): Gesellschaft ohne Meta-Erzählung? In: Zapf, Wolfgang (Hg.): Die Modernisierung moderner Gesellschaften. Verhandlungen des 25. Deutschen Soziologentags in Frankfurt a.M. Frankfurt a.M./New York, S. 174-184.

Weniger, Katja (2011): Die Hugenotten – Die Erfolgsgeschichte der Einwanderung nach 10 Generationen. In: Der Beauftragte des Senats für Integration und Migration (Hg.): Stadt ist Migration. Die Berliner Route der Migration – Grundlagen, Kommentare, Skizzen. Berlin, S. 51-53.

Winter, Rainer (2000): Differenz und Hybridität in der Medienrezeption. Globalisierung und Kulturwandel aus der Sicht der Cultural Studies. In: Düllo, Thomas/Meteling, Arno/Suhr, André/Winter, Carsten (Hg.): Kursbuch Kulturwissenschaft. Münster, S. 221-231.

WIR. Zur Geschichte und Gegenwart der Zuwanderung nach Wien. 217. Sonderausstellung des Historischen Museums der Stadt Wien, 19. September bis 29. Dezember 1996. Eigenverlag der Museen der Stadt Wien.

Yildiz, Erol (1997): Halbierte Gesellschaft der Postmoderne. Probleme des Minderheitendiskurses unter Berücksichtigung alternativer Ansätze in den Niederlanden. Opladen.

Yildiz, Erol (1999): Fremdheit und Integration. Bergisch Gladbach.

Yildiz, Erol (2004): Leben in der kosmopolitanen Moderne: Die Öffnung der Orte zur Welt. (Unveröffentlichte Habilitationsschrift) Köln.

Yildiz, Erol (2006): Stigmatisierende Mediendiskurse in der kosmopolitanen Einwanderungsgesellschaft. In: Butterwegge, Christoph/Hentges, Gudrun (Hg.): Massenmedien, Migration und Integration. Wiesbaden, S. 35-52.

Yildiz, Erol (2006a): Identitätsdiskurs zu Beginn des 21. Jahrhunderts. In: Soziologische Revue 29/2006, S. 36-50.

Yildiz, Erol (2010): Die Öffnung der Orte zur Welt und postmigrantische Lebensentwürfe. In: SWS-Rundschau (50.Jg.) Heft 3/2010, S. 318-339.

Yildiz, Erol/Mattausch, Birgit (Hg.) (2009): Urban Recycling. Migration als Großstadt-Ressource. Basel/Boston/Berlin.

Zaimoglu, Feridun (2000): Kanak-Attak ist vielleicht deutscher, als manche es wahrhaben wollen. Interview-Ausschnitte. In: Haus der Kulturen der Welt (Hg.): Heimat Kunst. Berlin, S. 46-47.

Zaimoglu, Feridun (2001): Kopf und Kragen. Kanak-Kultur-Kompendium. Frankfurt a.M.

Kultur und soziale Praxis

Anil Al-Rebholz
Das Ringen um die Zivilgesellschaft in der Türkei
Intellektuelle Diskurse, oppositionelle Gruppen und Soziale Bewegungen seit 1980
Januar 2013, 406 Seiten, kart., 33,80 €,
ISBN 978-3-8376-1770-2

Gesa Anne Busche
Über-Leben nach Folter und Flucht
Resilienz kurdischer Frauen in Deutschland
Februar 2013, 268 Seiten, kart., 29,80 €,
ISBN 978-3-8376-2296-6

Matthias Forcher-Mayr
Fragile Übergänge
Junge Männer, Gewalt und HIV/AIDS. Zur Bewältigung chronischer Arbeitslosigkeit in einem südafrikanischen Township
Juli 2013, ca. 450 Seiten, kart., ca. 35,80 €,
ISBN 978-3-8376-2302-4

Ayla Güler Saied
Rap in Deutschland
Musik als Interaktionsmedium zwischen Partykultur und urbanen Anerkennungskämpfen
Januar 2013, 310 Seiten, kart., 29,80 €,
ISBN 978-3-8376-2251-5

Susann Huschke
Kranksein in der Illegalität
Undokumentierte Lateinamerikaner/-innen in Berlin. Eine medizinethnologische Studie
Mai 2013, 404 Seiten, kart., zahlr. Abb., 36,80 €,
ISBN 978-3-8376-2393-2

Marcus Michaelsen
Wir sind die Medien
Internet und politischer Wandel in Iran
April 2013, 352 Seiten, kart., 32,80 €,
ISBN 978-3-8376-2311-6

Valerie Moser
Bildende Kunst als soziales Feld
Eine Studie über die Berliner Szene
Mai 2013, 346 Seiten, kart., 32,80 €,
ISBN 978-3-8376-2331-4

Alfred Nordheim, Klaus Antoni (Hg.)
Grenzüberschreitungen
Der Mensch im Spannungsfeld von Biologie, Kultur und Technik
Juni 2013, ca. 250 Seiten, kart., ca. 28,80 €,
ISBN 978-3-8376-2260-7

Ewa Palenga-Möllenbeck
Pendelmigration aus Oberschlesien
Lebensgeschichten in einer transnationalen Region Europas
August 2013, ca. 390 Seiten, kart., ca. 31,80 €,
ISBN 978-3-8376-2133-4

Hannes Schammann
Ethnomarketing und Integration
Eine kulturwirtschaftliche Perspektive. Fallstudien aus Deutschland, den USA und Großbritannien
April 2013, 300 Seiten, kart., 29,80 €,
ISBN 978-3-8376-2428-1

Irini Siouti
Transnationale Biographien
Eine biographieanalytische Studie über Transmigrationsprozesse bei der Nachfolgegeneration griechischer Arbeitsmigranten
März 2013, 254 Seiten, kart., 29,80 €,
ISBN 978-3-8376-2006-1